やさしい身近な自然観察図鑑【両生類・は虫類・鳥ほか】

里中遊歩

はじめに

　みなさんはわたしたちの住む環境の中に、どれだけの数の野生動物たちが生活しているのか知っているでしょうか？「ウチの近くでは動物なんて見ることがないなあ」と答える方が大半でしょう。

　でもじつは、たとえそれが町なかであったとしても、わたしたちの周りでは驚くほどにたくさんの野生動物たちがひっそりと生活しているのです。

　野鳥をとり上げた場合、たとえば東京都内だけで数百種類を観察することができるのです。

　人間たちが勝手につくりかえてしまった環境の中、それでもその場を捨てずにたくましく生活している動物たち……。そんな彼らの生活を少しでも知ろうとすることで、彼らとわたしたち人間が、上手に共存していけるヒントを見つけられるかもしれません。

　この本をきっかけに、ぜひ「身近な自然観察」に少しでも興味を持っていただけたら嬉しい限りです。

2014年3月　　里中遊歩

いかだ社

この本の見方……4

両生類　身近なカエルやイモリたち　5
トウキョウダルマガエル　トノサマガエル　ナゴヤダルマガエル……6
ニホンアマガエル　カジカガエル　ヤマアカガエル　ニホンアカガエル……8
モリアオガエル　シュレーゲルアオガエル……10
アズマヒキガエル　ニホンヒキガエル　ウシガエル……12
アカハライモリ……14

は虫類・甲殻類　身近なヘビやカメたち　15
ニホントカゲ　ニホンカナヘビ……16
ヤマカガシ　ニホンマムシ……18
アオダイショウ　ヒバカリ　シマヘビ……20
ニホンヤモリ　ニホンイシガメ　スッポン……22
クサガメ　ミシシッピアカミミガメ……24
ヤマトヌマエビ　ミナミヌマエビ　スジエビ……26
アメリカザリガニ　サワガニ……28
モクズガニ　ヒライソガニ　イワガニ……30
ホンヤドカリ　オカヤドカリ……32

やさしい身近な自然観察図鑑
両生類・は虫類・鳥ほか
目次

鳥類　身近な野鳥たち　33
スズメくらいの大きさの野鳥たち……34
スズメ……35
シジュウカラ　コガラ　ヒガラ……36
ヤマガラ　エナガ　ヒバリ……38
ウグイス　メジロ……40
コゲラ　ホオジロ　カシラダカ……42
オオルリ　ツバメ　カワセミ……44
ハクセキレイ　セグロセキレイ　キセキレイ……46
モズ　ソウシチョウ……48
カワラヒワ　オオヨシキリ
　アオジ　ジョウビタキ……50
シメ　ウソ……52
ムクドリくらいの大きさの野鳥たち……53
ムクドリ　ヒヨドリ　ツグミ　アカハラ……54
アオゲラ　アカゲラ……56
ホトトギス　コジュケイ……58
ガビチョウ……60

ハトくらいの大きさの野鳥たち……61
ドバト（カワラバト）　キジバト……62
オナガ　カケス　チョウゲンボウ……64
コガモ　キンクロハジロ　バン　オオバン……66
カラスくらいの大きさの野鳥たち……68
マガモ　カルガモ……69
ハシブトガラス　ハシボソガラス……70
オオタカ　ノスリ　チュウヒ　ミサゴ……72
ゴイサギ　ササゴイ……75
ウミネコ　カモメ　ユリカモメ
　オオセグロカモメ……76
トビくらいの大きさの野鳥たち……79
トビ　ニホンキジ……80
コサギ　ダイサギ　チュウサギ……82
アオサギ　カワウ　ウミウ……84
オオハクチョウ　コハクチョウ……86

いろいろな動物を飼育・観察してみよう！　87

- ◆自宅に野鳥を呼んでみよう！……88
- ◆動物を飼ってみよう！……90
    - （1）ニホンアマガエル編
    - （2）クサガメ編

コラム

- 東京には「トノサマガエル」がいないの？……6
- モリアオガエルって、めったに見られないの？……11
- 食用として輸入されたウシガエル……13
- 有尾目って何のこと？……14
- ニホントカゲとニホンカナヘビの見分け方……17
- おそろしい毒ヘビ、ヤマカガシ……19
- シマヘビは性格に「難」アリ……21
- 「ニホン」ヤモリなのに外来種？……22
- 在来種をおびやかす外来カメたち……25
- 水槽のお掃除屋さんとして大人気……27
- アメリカザリガニの猛威のはじまり……28
- 大都会でもひっそりと生きるサワガニ……29
- 上海ガニってモクズガニのこと？……30
- わたしたちの身近には、何種類くらいの野鳥がいる？……34
- スズメの数が減っているって本当？……35
- シジュウカラの雌雄の見分け方……36
- ヤマガラは人を恐れない？……38
- 間違われやすいメジロとウグイス……41
- 都会に増えているキツツキ……42
- 生活形態が変わる都会のカワセミ……45
- ハクセキレイとセグロセキレイの見分け方……47
- モズの早贄（はやにえ）の謎……48
- ソウシチョウのフンは美容によい？……49
- 野鳥観察　同定のコツとポイント……53
- キツツキの名前の由来……57
- 托卵（たくらん）する野鳥……58
- 「聞きなし」って何？……59
- 増える外来種の野鳥たち……60
- 都会に野鳥たちが増えた理由……61
- ドバトの正体は、家畜化されたカワラバト……63
- 獲物をとらえるチョウゲンボウの特殊な目……65
- カラスが黒いのはカラスの意志なの？……68
- ハシブトガラスとハシボソガラスの見分け方……71
- 飛んでいる猛禽類の見分け方……74
- ウミネコ・カモメ類の見分け方……78
- 鳥の祖先って恐竜なの？……79
- トビの扱いが低いのは何故だ？……80
- 日本の国鳥の将来は？……81
- 白鷺の見分け方……83
- カワウとウミウの違いと「鵜飼い」について……85

索引　94

この本の見方

■アイコンの見方

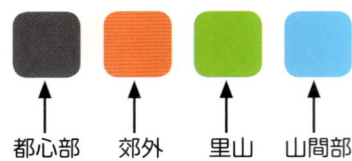

都心部　郊外　里山　山間部

◎ ちょっと探せば、たいていは見つけられるレベル
○ 運がよければ見つけられるレベル
△ 探してもなかなか見つけられないレベル
— 棲息していない、または見つけるのは非常に困難なレベル

■データの見方

分類 ——— 無尾目アカガエル科アカガエル属
学名 ——— *Rana porosa porosa*
自然分布している地域 ——— 【分布】関東平野、仙台平野、信濃川流域
【体長】39〜87mm
【食性】動物食
見られる時期 ——— 【時期】春〜秋（冬期は冬眠）
【生態・特徴】
おもに平地の水田や湖沼、河川、またはその周辺に棲息する。食欲は旺盛で、ミミズや昆虫などのほか、ほかの小さなカエルやヘビなども食べてしまうことがある。

■生きものとの関わり方の注意

● むやみにつかまえたり、傷つけたりしないようにしましょう。
● 繁殖中の生きものには近づかないようにしましょう。
● 観察が終わったら、元の場所に戻しておきましょう。
※とくに生態系を破壊する外来種は、絶対に移動させてはいけません。
● 触った後は必ず手を洗いましょう。

■注意・危険マーク

　命に関わる毒をもっていたり、好戦的な生きものです。出会っても近づいたり触ったりしないように注意しましょう。

両生類

身近なカエルやイモリたち

トウキョウダルマガエル

日本固有亜種

トノサマガエルに似ているが、トノサマガエルじゃなかった!?

 都心部 郊外 里山 山間部

無尾目アカガエル科アカガエル属
Rana porosa porosa
【分布】関東平野、仙台平野、信濃川流域
【体長】39〜87mm
【食性】動物食
【時期】春〜秋（冬期は冬眠）
【生態・特徴】
おもに平地の水田や湖沼、河川、またはその周辺に棲息する。食欲は旺盛で、ミミズや昆虫などのほか、小さなカエルやヘビなども食べてしまうことがある。

東京には「トノサマガエル」がいないの？

 コラム

よく東京都内でも、「トノサマガエル見っけ！」などと喜ぶ子どもたちの姿を見かけますが、あれは間違い。関東地方にトノサマガエルは棲息していません。見た目が非常に似ていてなかなか区別をつけにくいけれど、トノサマガエルではなくトウキョウダルマガエルなのです。

また、もともと北海道には棲息していなかったトノサマガエル、札幌市や江別市などの一部地域には、人間によって持ち込まれた個体が繁殖して棲息しています（内来種、または国内外来種と呼びます）。北海道在来の小型のカエルやサンショウウオを食べてしまうといった報告もあり、今後その被害が拡大する可能性も心配されています。

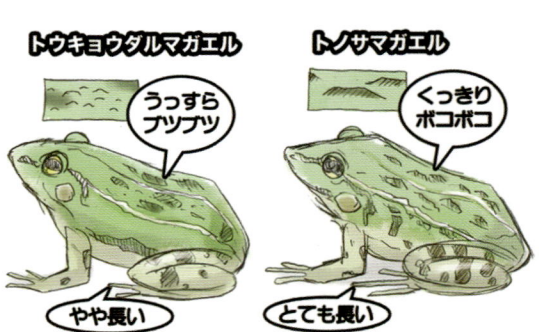

トノサマガエルの後脚の一番長い指（中指）は、普通に座っている状態で鼓膜の横まで届く。ナゴヤダルマガエルやトウキョウダルマガエルは、そこまで長くはない。また背面にある小隆条が、トノサマガエルは明瞭に発達しているが、ナゴヤダルマガエルやトウキョウダルマガエルはあまり発達していない。

トノサマガエル

日本を代表するカエルの1つだが、アジアの広範囲に棲息する

都心部　郊外　里山　山間部

無尾目アカガエル科アカガエル属
Rana nigromaculata
【分布】本州（関東平野、仙台平野、信濃川流域を除く）・四国・九州
【体長】38～94mm
【食性】動物食
【時期】春～秋（冬期は冬眠）
【生態・特徴】
生態についてはトウキョウダルマガエルに似ているが、より四肢が長くスマートな印象で、跳躍力にもすぐれていると考えられる。

ナゴヤダルマガエル　　日本固有亜種

ちょっと小さな、トウキョウダルマガエルと仲間のカエル

都心部　郊外　里山　山間部

無尾目アカガエル科アカガエル属
Rana porosa brevipoda
【分布】長野県伊那谷、東海・近畿・瀬戸内地方
【体長】35～73mm
【食性】動物食
【時期】春～秋（冬期は冬眠）
【生態・特徴】
トノサマガエルやトウキョウダルマガエルよりも小柄でずんぐりとした個体が多い。頭からお尻にかけての背中線がない個体も少なくない。

ニホンアマガエル

日本人にはもっともなじみ深くて、
よく知られる、かわいらしいカエル

都心部　郊外　里山　山間部

無尾目アマガエル科アマガエル属
Hyla japonica
【分布】北海道、本州、四国、九州、佐渡、隠岐、対馬など
【体長】20〜46mm 【食性】動物食
【時期】春〜秋（冬期は冬眠）
【生態・特徴】
とくに低地から低山地の水田周辺で見られる。小さくてかわいらしいが、皮膚からは毒性物質が分泌されているので、素手で触れたら必ず手を洗おう。

カジカガエル

日本固有種

鹿が鳴くように鳴くので、
「河の鹿」という意味からカジカガエル

都心部　郊外　里山　山間部

無尾目アオガエル科カジカガエル属
Buergeria buergeri
【分布】本州、四国、九州、五島列島
【体長】37〜69mm
【食性】動物食
【時期】春〜秋（冬期は冬眠）
【生態・特徴】
山地の河川やその周辺の森林に棲息（せいそく）する。平べったい体形で、四肢の指先には発達した吸盤をもっている。また後肢の水かきは発達している。

ヤマアカガエル

山中の森を歩いていると
出会うことの多いアカガエル

日本固有種 両生類

都心部　郊外　里山　山間部

無尾目アカガエル科アカガエル属
Rana ornativentris
【分布】本州、四国、九州、佐渡など
【体長】36〜78mm
【食性】動物食
【時期】春〜秋（冬期は冬眠）
【生態・特徴】
低地でも見られなくはないが、山地に多く棲息している。ニホンアカガエルと似るが、左右の背側線（はいそくせん）の間隔が平行ではなく、お尻にかけて狭くなることで見分けられる。

ニホンアカガエル

水場のある雑木林や公園でも
時どき出会えるジャンプ名人

都心部　郊外　里山　山間部

無尾目アカガエル科アカガエル属
Rana japonica
【分布】本州、四国、九州、壱岐、大隅諸島
【体長】34〜67mm
【食性】動物食
【時期】春〜秋（冬期は冬眠）
【生態・特徴】
「ニホン」とつくのに日本固有種ではなく、中国にも棲息する。低地から丘陵地帯の水田や湿地などの周辺で見られることが多い。左右の背側線はほぼ平行。

モリアオガエル

日本固有種

水ぎわの木の上に泡に包まれた卵を産む不思議なカエル

 都心部　 郊外　 里山　 山間部

無尾目アオガエル科アオガエル属
Rhacophorus arboreus
【分布】本州、佐渡
【体長】40〜82mm
【食性】動物食
【時期】春〜秋（冬期は冬眠）
【生態・特徴】
水場におおいかぶさるようにかかる木の上に泡の塊（卵塊(らんかい)）をつくり、その中に卵を産みつける。岩手県にある繁殖地と個体群が国の天然記念物に指定されている。

池の上にかかる木の枝で見つけたモリアオガエルの卵塊。産まれたおたまじゃくしは、この卵塊から落下し、下の池の中で成長する。しかし池の中では、アカハライモリなどがおたまじゃくしを食べようと待ちかまえていることも多く、生きのびるのは容易ではない。

卵塊の中ですでにふ化したモリアオガエルのおたまじゃくし。この卵塊から外に出る日もそう遠くはない。

シュレーゲルアオガエル　　　　　　　　日本固有種　両生類

外国風のシャレた名前だが
日本にしか棲息しない純和風カエル

都心部　郊外　里山　山間部

無尾目アオガエル科アオガエル属
Rhacophorus schlegelii
【分布】本州、四国、九州、壱岐、平戸島、五島列島
【体長】30～55mm
【食性】動物食
【時期】春～秋（冬期は冬眠）
【生態・特徴】
平地から標高1600mくらいまでの山地に棲息する。モリアオガエルのような卵塊をつくるが、樹上ではなく水田などの畦横につくることが多い。

モリアオガエルって、めったに見られないの？

「モリアオガエルってとても稀少なカエルだから、なかなか見られる機会はないんですよね？」と聞かれることがあります。近年、その数は少なくなってしまいましたが、見つけることはそんなに難しくありません。

東京都内でも、春先にちょっと郊外の里山などに行くと、モリアオガエルの卵塊を確認できることが少なくないのです。

また成体についても、水場にたれ下がる木の枝や葉の周辺をたんねんに探すと、葉っぱなどにしがみついている姿を見つけることができます。

モリアオガエルは眼の虹彩が赤みがかっているが、シュレーゲルアオガエルは金色っぽい。また背の表面は、モリアオガエルが顆粒状であるのに対してシュレーゲルアオガエルは平たく滑らか。

アズマヒキガエル　　　　　　　　　日本固有亜種

一般的にガマガエルとして知られる大型のカエル

都心部　郊外　里山　山間部

無尾目ヒキガエル科ヒキガエル属
Bufo japonicus formosus
【分布】近畿地方より北の本州
【体長】42〜162mm
【食性】動物食
【時期】春〜秋（冬期は冬眠）
【生態・特徴】
ニホンヒキガエルに似るが、本種のほうが鼓膜（こまく）が大きいことで見分けられる。春先には水田などで、1匹のメスに多数のオスが群がる「ガマ合戦」が見られる。

ニホンヒキガエル　　　　　　　　　日本固有亜種

関西で見られる「ガマガエル」のほとんどはコチラ

都心部　郊外　里山　山間部

無尾目ヒキガエル科ヒキガエル属
Bufo japonicus japonicus
【分布】近畿地方より南の本州、四国、九州、壱岐、
　　　　五島列島、屋久島、種子島など
【体長】80〜176mm
【食性】動物食
【時期】春〜秋（冬期は冬眠）
【生態・特徴】
アズマヒキガエルと同様、海岸から山地まで、さまざまな環境に棲息（せいそく）する。跳躍はあまり得意ではなく、のそのそと歩いている姿を見かけることが多い。

ウシガエル

外来種

両生類

着々とニッポンの水田征服を進める、大陸からの使者

都心部　郊外　里山　山間部

無尾目アカガエル科アカガエル属
Rana catesbeiana
【分布】北海道南部〜沖縄石垣島
【体長】110〜183mm
【食性】動物食
【時期】春〜秋（冬期は冬眠）
【生態・特徴】
日本国内で見られるカエルの中では最大。特定外来生物に指定されており、食欲も旺盛。いたるところの水田や湿地などで「モーモー」と牛の鳴くような声が聞かれる。

食用として輸入されたウシガエル

コラム

現在、ほぼ日本全国に棲息するウシガエルですが、じつは外来種で、もともとは日本にすんでいませんでした。

1918年、食用目的としてアメリカから17匹を輸入したことが発端とされています。しかし「カエルを食べる」という文化は日本に根づかず、いつしか野生化したウシガエルたちがその数を爆発的に増やし、全国的に広がってしまったのです。

そうなると、古くから日本にすんでいた小さなカエルたちには手の打ちようがありません。ただでさえ、すめる環境が少なくなっているのに、それまで暮らしていた場所をウシガエルに明け渡し、ケロケロとさびしく泣き寝入りするしかなくなってしまうのです。

アカハライモリ

日本固有種

腹が赤いことからその名がついた
もっとも普通に見られるイモリの仲間

都心部　郊外　里山　山間部

有尾目イモリ科トウヨウイモリ属
Cynops pyrrhogaster
【分布】本州、四国、九州、佐渡、淡路島、隠岐、壱岐、五島列島など
【体長】70～140mm
【食性】動物食
【時期】春～秋（冬期は冬眠）
【生態・特徴】
皮膚にフグ毒（テトロドトキシン）に似た成分の毒をもつ。強い刺激を受けると分泌することがあるので注意が必要。

有尾目（ゆうびもく）って何のこと？

 コラム

　現在、日本に棲息（せいそく）する両生類は、大きく「有尾目」「無尾目（むびもく）」に分けられます（海外ではほかに「無足目」というアシナシイモリの仲間で形成されるグループも存在）。
「有尾目」は、イモリやサンショウウオの仲間、「無尾目」はカエルの仲間を指します。
　サンショウウオというと、図体の大きいオオサンショウウオを思い浮かべますが、じつは日本には約20種類、体長10cm程度のサンショウウオも存在します。見られる機会はそう多くありませんが、東京都内にも、最低でも3種類のサンショウウオが棲息していたりするのです。

東京都内の里山に棲息するトウキョウサンショウウオ

は虫類
甲殻類

身近なヘビやカメたち

ニホントカゲ

日光浴が大好きな
日本を代表するは虫類の1つ

都心部　郊外　里山　山間部

有鱗目トカゲ科トカゲ属
Plestildon japonicus
【分布】本州〜九州（伊豆半島を除く）
【体長】150〜250mm
【食性】動物食だが果実をなめることもある
【時期】春〜秋（冬期は冬眠）
【生態・特徴】
敵に襲われるなど危険を感じると自ら尾を切って逃げることで知られるが、また生えてくる再生尾は従来よりも短くなる場合が多い。

ニホントカゲの幼体は、黒地または暗褐色の体色に5本の金色の縦条が入る。尾は光沢のあるメタリックブルー。成体になると褐色に落ち着くが、メスの中には幼体の色を残したまま成熟する個体も少なくない。生後2〜3年で成体となる。

ニホンカナヘビの成体は、目の下付近から尾のつけ根に向けて黒・黄色・黒の3本で構成された色帯をもつのが特徴的だが、幼体には色帯がなく、全身が黒っぽい褐色である場合が多い。生後約1年で成体となる。

ニホンカナヘビ　日本固有種

名前はカナヘビだけど、ヘビの仲間ではなくトカゲの仲間

都心部　郊外　里山　山間部

有鱗目カナヘビ科カナヘビ属
Takydromus tachydromoides
【分布】全国
【体長】160〜270mm
【食性】動物食だが果実をなめることもある
【時期】春〜秋（冬期は冬眠）
【生態・特徴】
日本固有種で、国内では全国的にもっとも普通に見られるトカゲの仲間だが、その数は年々減少傾向にあるようだ。ニホントカゲ同様、危険を感じると自ら尾を切って逃げる。

ニホントカゲとニホンカナヘビの見分け方　コラム

- 相対的にニホントカゲよりニホンカナヘビの方が尻尾が長い（ニホントカゲは全長の1／2程度、ニホンカナヘビは全長の2／3程度）。

- 耳はニホンカナヘビのほうが大きい。

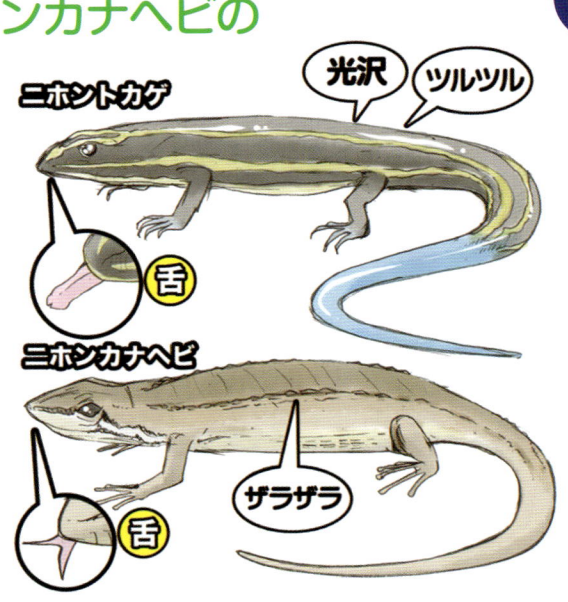

は虫類・甲殻類

ヤマカガシ

日本固有亜種

おとなしい顔をして2種類の毒をもつ、
したたかな毒ヘビ

危険

都心部　郊外　里山　山間部

有鱗目ユウダ科ヤマカガシ属
Rhabdophis tigrinus
【分布】本州以南（一部島しょ部を除く）
【体長】70〜150cm
【食性】動物食
【時期】春〜秋（冬期は冬眠）
【生態・特徴】
「山のヘビ」という意味からヤマカガシと名づけられたが、実際には平地の水田や湿地などにも多く棲息する。非常にやっかいな出血毒をもつので注意が必要だ。

ニホンマムシ

日本固有種

毒量は少ないが、
日本国内最強の毒をもつヘビ

危険

都心部　郊外　里山　山間部

有鱗目クサリヘビ科マムシ属
Gloydius blomhoffii
【分布】全国（一部島しょ部を除く）
【体長】40〜80cm
【食性】動物食
【時期】春〜秋（冬期は冬眠）
【生態・特徴】
凶暴な毒ヘビのイメージで知られるが、じつは攻撃的な性格はしておらず、いきなり襲ってくることは少ない。むしろ臆病だと思ってよい。

おそろしい毒ヘビ、ヤマカガシ

　ヤマカガシは、基本的には非常に大人しくて性格も穏やかなヘビです。そもそも1970年頃まで、ヤマカガシに毒があること自体が知られていませんでした。仮にかまれても、熱が出たりはれたりといった症状がすぐには出ません。しかし油断をしてはいけません。彼らはなんと2種類の毒をもっています。

　1つは、頸腺毒と呼ばれる毒。これは防護用の毒で、頸部に強い刺激が加わったりすると飛散したりしみ出したりします。この毒を浴びたからといって死に至ることはありませんが、目に入ると最悪失明する場合もあるので注意が必要です。しかもこの毒、ヤマカガシ自身が生成したものではなく、捕食したヒキガエルの持つブフォトキシンという毒をちゃっかり貯蔵・流用しているのです。

　そしてもう1つの毒、デュベルノイ腺毒と呼ばれる「出血毒」で、これが非常にやっかい。すぐに何らかの症状が出ることはありませんが、知らず知らずのうちに身体をむしばまれてしまうのです。数日が経過すると、体内のいたる所から出血が起こり、最終的には脳内出血などで死にいたることも少なくありません。

　ヤマカガシの毒は、上顎側の奥歯でしっかりとかまれることで注入されるため、軽くかまれたり浅くかまれたりした場合は、まず問題はないと考えられます。しかし、もしヤマカガシらしいヘビにかまれたら、一刻も早く適切な処置を施すことが望ましいのです。

アオダイショウ

日本固有種

日本のヘビの中では もっとも大きくなるヘビの１つ

都心部 △ ／ 郊外 ○ ／ 里山 ◎ ／ 山間部 ○

有鱗目ナミヘビ科ナメラ属
Elaphe climacophora
【分布】全国（一部島しょ部を除く）
【体長】110〜200cm
【食性】動物食
【時期】春〜秋（冬期は冬眠）
【生態・特徴】
毒はもたず、温厚な性格をしている。木登りや泳ぎが得意。人間たちの生活圏に近いところに棲息(せいそく)することが多く、最も見つけやすいヘビの１つ。

ヒバカリ

日本固有亜種

水中の魚も狩ることができる 泳ぎの達人

都心部 △ ／ 郊外 △ ／ 里山 ○ ／ 山間部 ○

有鱗目ユウダ科ヒバカリ属
Amphiesma vibakari
【分布】本州以南（一部島しょ部を除く）
【体長】40〜60cm
【食性】動物食
【時期】春〜秋（冬期は冬眠）
【生態・特徴】
「かまれたらその日ばかりの命」が名前の由来らしいが、毒はもたず、かまれても死ぬことはない。また非常に穏やかな性格のため、めったに人に牙をむくことはない。

シマヘビ

日本固有種

毒はないけど、日本ではもっとも気が荒くて好戦的なヘビの1つ

危険

 都心部　 郊外　 里山　 山間部

有鱗目ナミヘビ科ナメラ属
Elaphe quadrivirgata
【分布】全国（一部島しょ部を除く）
【体長】80～200cm
【食性】動物食
【時期】春～秋（冬期は冬眠）
【生態・特徴】
泳ぎは得意だが、高い木登りはあまり得意ではない。おもに地表付近で行動していることが多い。さまざまな動物を食べるが、とくにカエルが大好物。毒はもたない。

シマヘビは性格に「難」アリ

コラム

　シマヘビには非常に気性の荒い個体が多いようです。とくにコチラがちょっかいを出さなくても、いきなり向こうから襲いかかってくることも少なくありません。毒はありませんが牙は鋭く、かまれると相当に痛く深い傷ができてしまうこともあります。また傷口から入った細菌で炎症を起こすこともあるので要注意です。

　木登りが得意なアオダイショウなどと違い、おもに地上で行動するシマヘビにとって、天敵である肉食哺乳類や猛禽類から身を守るためには、このような気性でないとなかなか生きていけないからなのかもしれません。

シマヘビは、幼蛇の頃から悪そうな顔つきをしていて気も荒い。また幼蛇の頃にはマムシを思わせる姿をすることで、天敵から自分の身を必死に守っている。

ニホンヤモリ

「守宮」「家守」と書いてヤモリ。
古くから人間と共存してきたは虫類

都心部　郊外　里山　山間部

有鱗目ヤモリ科ヤモリ属
Gekko japonicus
【分布】本州～九州、対馬、屋久島
【体長】10～14cm
【食性】動物食
【時期】おもに春～秋
【生態・特徴】
冬場には一応冬眠をすることが多いが、元来南方系の動物なので、本格的な冬眠はできない。警戒心はあまり強くなく、素手でも簡単に捕まえられる。

「ニホン」ヤモリなのに外来種？

コラム

　名前に「ニホン」とついていますが、じつは、江戸時代以前に中国大陸や朝鮮半島などから持ちこまれた外来種であると考えられています。彼らと遭遇するのは、決まって都心部や郊外の人造建造物の周辺ばかりで、深い山の中などでは出会ったためしがありません。
　これはつまり、太古の昔、ニホンヤモリは日本の野山に棲息していなかった可能性が高いということになるのです。

ニホンヤモリは、昼間はこのような壁のすき間などに入り、ゆっくり休んでいる。夜になると、灯火に集まる昆虫などをねらって出動する。

ニホンイシガメ

日本固有種

日本を代表する淡水カメの1つだが、その数は減少傾向

都心部　郊外　里山　山間部

カメ目イシガメ科イシガメ属
Mauremys japonica
【分布】本州〜九州
【最大甲長】オス14cm、メス21cm前後
【食性】雑食
【時期】春〜秋（冬期は冬眠）
【生態・特徴】
かつては「ゼニガメ」という名で幼体が販売されているのをよく目にしたが、最近ペットショップなどで「ゼニガメ」として売られているのは、ほとんどがクサガメの幼体だ。

スッポン

「食いついたら離さない」凶暴性で知られるが、意外にも臆病な性格？

都心部　郊外　里山　山間部

カメ目スッポン科キョクトウスッポン属
Pelodiscus sinensis
【分布】本州〜九州
【最大甲長】オス38cm、メス25cm前後
【食性】雑食
【時期】春〜秋（冬期は冬眠）
【生態・特徴】
もともとは臆病な性格で、攻撃ではなく防御のためにかみつく場合が多い。甲羅が柔らかく、ほかのカメよりも体重が軽いこともあって泳ぎはうまい。

クサガメ

「草」ガメではなく「臭」ガメ。
手荒にあつかうと臭腺からとんでもないにおいを出す

都心部　郊外　里山　山間部

カメ目イシガメ科クサガメ属
Chinemys reevesii
【分布】本州〜九州
【最大甲長】オス20cm、メス30cm前後
【食性】雑食
【時期】春〜秋（冬期は冬眠）
【生態・特徴】
ミシシッピアカミミガメに次いでよく見られるカメだが、棲息地の減少などによって数は減少傾向。だが、このクサガメも、もともとは日本にはいなかったと推測されている。

ミシシッピアカミミガメ　　　外来種

「ミドリガメ」として誰でも知っている、
アメリカ大陸からやって来た外来カメ

都心部　郊外　里山　山間部

カメ目ヌマガメ科アカミミガメ属
Trachemys scripta elegans
【分布】全国
【最大甲長】オス20cm、メス28cm前後
【食性】雑食
【時期】春〜秋（冬期は冬眠）
【生態・特徴】
現代の日本では、ちょっとした水場に行けばほぼ必ず見られるが、皮肉なことに、原産国のアメリカやメキシコではその棲息数が減少している。

在来種をおびやかす外来カメたち

在来種を脅かす外来カメには数種類います。

ミシシッピアカミミガメは、身体が強く繁殖力も強いカメ。彼らの増加に伴って、日本固有のニホンイシガメなどの在来種が棲息地を追われて激減、窮地に立たされているのです。そのため、「侵略的外来種ワースト100」にも登録されています。

クサガメも、西暦1800年頃に人の手によって連れて来られた外来種だと考えられています。というのも、現時点での日本国内では、クサガメの化石は1つも発見されておらず、また古い文献を参照しても、もっとも古い記述で約200年前のものです（当時は「ヤマガメ」と呼ばれていました）。おそらく江戸中期の頃に朝鮮半島などから輸入されたものなのでしょう。

また近年では、カミツキガメやワニガメといった、もはや生態系のみならず人間の生活すらおびやかしかねない、危険な外来カメの野生化も相次いで確認されています。

しかしちょっと考えてみましょう。彼ら外来種の動物たちは何1つ悪いことはしていません。人間によって勝手に連れて来られて勝手に野に放たれて、しかたなくその場で一所懸命に生きているだけなのです。本当に悪いのは人間なのだという事実を、決して忘れてはなりません。

都心部を流れる神田川などでも、ちょっと見下ろせば、何匹ものミシシッピアカミミガメたちがひなたぼっこをしている姿を確認できる。

とくに千葉県印旛沼水系周辺で大きな問題となりつつあるカミツキガメ。

ヤマトヌマエビ

熱帯魚店などでおなじみ、働き者の水槽掃除屋さん

都心部　郊外　里山　山間部

十脚目（エビ目）ヌマエビ科ヒメヌマエビ属
Caridina multidentata
【分布】本州中部以南
【体長】約30〜45mm
【食性】雑食
【時期】通年
【生態・特徴】
本州から九州に棲息（せいそく）するヌマエビの仲間の中では最大。河川の上流域に棲息することが多いが、アユなどと同様、幼生時代は海で成長し、また川へと戻ってくる性質をもつ。

ミナミヌマエビ　日本固有亜種

ヤマトヌマエビと並んで人気の高い水槽掃除屋さん

都心部　郊外　里山　山間部

十脚目（エビ目）ヌマエビ科カワリヌマエビ属
Neocaridina denticulata denticulata
【分布】本州中部以南
【体長】約20〜30mm
【食性】雑食
【時期】通年
【生態・特徴】
ヤマトヌマエビと違い、一生を淡水域で過ごす。熱帯魚店などでも販売され人気も高いが、販売されている個体のほとんどは中国などから輸入されたもので、在来のものとは別亜種。

スジエビ

「川エビの唐揚げ」でおなじみ、日本人にはもっとも身近な淡水エビ

都心部　郊外　里山　山間部

十脚目（エビ目）テナガエビ科スジエビ属
Palaemon paucidens
【分布】全国（一部島しょ部を除く）
【体長】約35〜60mm
【食性】雑食（肉食傾向が強い）
【時期】通年
【生態・特徴】
「カワエビ」「モエビ」とも呼ばれ、日本の淡水エビとしては最も有名。湖沼から河川、用水路のほか、さまざまな水場に棲息している。

水槽のお掃除屋さんとして大人気　コラム

「熱帯魚販売」の看板を掲げているお店であれば、まずこのヤマトヌマエビとミナミヌマエビは販売されていると考えて間違いないでしょう。

熱帯魚飼育に藻やコケの発生はつきものです。だからといってそれをしかたないと放置しては、せっかく美しくレイアウトしたアクアリウムが台なしになってしまいます。そこでヌマエビを数匹放りこんでみると、みごとに藻やコケを食べ尽くしてくれるのです。

しかし、ヤマトヌマエビの場合は、藻やコケなどの食糧が少ないと、主役の小さな熱帯魚たちを襲って食べてしまうこともあるので注意が必要です。

かいがいしく水槽内の藻やコケを掃除してくれる（食べてくれる）ヤマトヌマエビ。

アメリカザリガニ

外来種

ニッポンの水辺を征服した アメリカからの使者

都心部　郊外　里山　山間部

十脚目（エビ目）アメリカザリガニ科アメリカザリガニ属
Procambarus clarkii
【分布】全国
【体長】約80～120mm
【食性】雑食
【時期】通年
【生態・特徴】
水質の悪化にも強く、また繁殖力も非常に強く、またたく間にその棲息域（せいそくいき）を日本全国へと広げていった。もともとはウシガエルのエサとして日本へ持ちこまれた。

アメリカザリガニの猛威のはじまり

コラム

　1930年、アメリカより、ウシガエルのエサとして送られ、ぶじに生きて到着したわずか20匹のアメリカザリガニ。それこそが現代の日本全国の湖沼や河川、水田、用水路を網羅してしまったアメリカザリガニの猛威のはじまりです。

　到着した20匹を元手に養殖を試みたところ、いとも簡単に数を増やすことができました。しかし、かんじんのウシガエルの需要がなくなってしまったことで、アメリカザリガニの養殖場も閉鎖～解体。どれだけの数が逃げ出せたのかは不明ですが、おそらく相当数のアメリカザリガニが逃亡に成功し、ニッポンの野に放たれることとなったのです。そして100年もかからずに、ほぼ日本全国の水辺の征服に成功したのです。

繁殖力の強いアメリカザリガニは、飼育下でも容易にその数を増やすことができる。

郵便はがき

１０２８７９０

１０２

```
料金受取人払郵便
麹町支店承認
9505
```

差出有効期間
平成27年6月
19日まで
(切手は不要です)

東京都千代田区
飯田橋2-4-10 加島ビル

いかだ社
「読者サービス係」行

ふりがな お名前	男 ・ 女	生年月日　　年　　月　　日	
ご職業		電話	

〒

ご住所

メールアドレス

お買い求めの書店名	ご購読の新聞名・雑誌名

本書を何によって知りましたか（○印をつけて下さい）
1．広告を見て（新聞・雑誌名　　　　　　　　　　　　　　　　）
2．書評、新刊紹介（掲載紙誌名　　　　　　　　　　　　　　　）
3．書店の店頭で　　4．人からすすめられて　　5．小社からの案内
6．その他（　　　　　　　　　　　　　　　　　　　　　　　　）

このカードは今後の出版企画の貴重な資料として参考にさせていただきます。
ぜひご返信下さい。

読者カード

本書の書名

本書についてのご意見・ご感想

出版をご希望されるテーマ・著者

●新刊案内の送付をご希望ですか（○印をつけて下さい）

　　　　　　　希望　　　　　不要

●ご希望の新刊案内のジャンルをお教え下さい（○印をつけて下さい）

　教育書　保育書　児童書　その他（　　　　　）　全てのジャンル

　　　　　　　　　　　　　　　　ご協力ありがとうございました。

サワガニ

日本固有種

本州に棲息する淡水性のカニの中では、もっとも見つけやすい

 都心部　 郊外　 里山　 山間部

十脚目（エビ目）サワガニ科サワガニ属
Geothelphusa dehaani
【分布】本州〜九州（一部島しょ部を除く）
【甲幅】約20〜30mm
【食性】雑食
【時期】通年
【生態・特徴】
日本人にとってはなじみ深いカニの１つだが、水質の悪化に弱いことなどから、昨今では見られる機会もずいぶん減っている。

大都会でもひっそりと生きるサワガニ コラム

　キレイな水がないと棲息できないことから、「もはや都心部には棲息していない」と考えている方も少なくないでしょう。

　しかし、本当にごくまれな例ですが、都心部でも野生のサワガニが棲息している場所がいくつかあります。もっとも知られているのは皇居東御苑。ほかにも、古くから汚染の影響からまぬがれて環境変化がほとんどなく、また湧き水が出ているような場所。たとえば歴史のある神社やお寺の境内や昔からある自然公園などには、細々と繁殖を繰り返して生き続けているサワガニが頑張って棲息しているのです。そんな彼らに将来、より生活しやすい環境が与えられる日は来るのでしょうか。

大都会にもまだわずかながら、サワガニが棲息できる環境は残されている。

モクズガニ

ハサミ部分には濃くて柔らかい毛が生えているのが特徴

都心部　郊外　里山　山間部

十脚目（エビ目）イワガニ科モクズガニ属
Eriocheir japonica
【分布】全国（小笠原諸島を除く）
【甲幅】約50〜80mm
【食性】雑食
【時期】通年
【生態・特徴】
冬は産卵のために河口部へと下りてくるが、それ以外の季節には、海から遠く離れた山間部にある川の上流などでも確認することができる。

上海ガニってモクズガニのこと？　コラム

日本に棲息（せいそく）するモクズガニは、中国の高級食材である上海ガニと同じものであると考えている人も多いと聞きます。

実際、両者は極めて近縁ですが、上海ガニは正式にはチュウゴクモクズガニと呼ばれ、日本のモクズガニと厳密には同属異種となります。

ただしそこは近縁種、日本のモクズガニも大変美味で、負けてはいません。

しかしこれまた上海ガニ同様、寄生虫の中間宿主となっているため、食べる際には充分に加熱するなどの注意が必要です。

ちなみに、ヨーロッパの河川ではこの上海ガニ（チュウゴクモクズガニ）が増えており、世界の侵略的外来種ワースト100に選ばれています。

大変おいしい上海ガニだが、寄生虫が宿っている場合が多いので、食べる際には注意が必要だ。

ヒライソガニ

海辺の岩場などに行くと、もっとも多く見ることのできるカニ

都心部　郊外　里山　山間部

十脚目（エビ目）モクズガニ科イソガニ属
Gaetice depressus
【分布】全国
【甲幅】約25〜32mm
【食性】雑食
【時期】通年
【生態・特徴】
色や模様の個体差が大きく、そこから同定するのは困難。その甲の形（台形で角が丸く、甲や腹が平べったい）で判断するのが賢明。岩礁地帯ではまず見つかる。

イワガニ

岩場を自在にかけめぐる、すばしっこさが自慢の忍者カニ

都心部　郊外　里山　山間部

十脚目（エビ目）イワガニ科イワガニ属
Pachygrapsus crassipes
【分布】北海道南部以南
【甲幅】約32〜37mm
【食性】雑食
【時期】通年
【生態・特徴】
外海に面した岩場の、波しぶきが当たるかどうかといった辺りに棲息していることが多い。見られる機会は少なくないが、足が速くて捕まえるのは少々難しい。

ホンヤドカリ

**潮だまりの主役！
日本各地の岩礁にもっとも多いヤドカリ**

都心部　郊外　里山　山間部

十脚目（エビ目）ホンヤドカリ科ホンヤドカリ属
Pagurus filholi
【分布】北海道以南（沖縄を除く）
【体長】約30mm
【食性】雑食
【時期】通年
【生態・特徴】
ヤドカリの中では小型な種類だが、日本の海岸の岩場ではもっともよく見られる。しかし、砂浜ではほとんどその姿を目にすることはない。

オカヤドカリ

**陸地で暮らす
天然記念物のヤドカリ**

都心部　郊外　里山　山間部

十脚目（エビ目）オカヤドカリ科オカヤドカリ属
Coenobita cavipes
【分布】沖縄
【体長】約20〜70mm
【食性】雑食
【時期】通年
【生態・特徴】
その名の通り陸上での生活に適応し、水中では生きていけない。ペットショップでも売られているが、そのほとんどはナキオカヤドカリなどの同属別種。

鳥類

身近な野鳥たち

鳥類

スズメくらいの大きさの野鳥たち

コラム

わたしたちの身近には、何種類くらいの野鳥がいる？

「あなたの町に棲息(せいそく)している野鳥を5種類以上言えますか？」と問われ、すぐに答えられる人はどのくらいいるでしょうか？ 何度となく、そんな質問を投げかけてきましたが、8割くらいの人は「カラスにハトにスズメに……あとは……」となってしまいます。「では、あなたの町には、何種類くらいの野鳥が棲息していると思いますか？」と問いを変えます。すると、これまた「20種？ いや30種くらい？」などと相成ります。20種くらいであれば、場所によるけれど4～5時間も歩けば、だいたいコンプリートできるでしょう。

たとえば東京都内には、約400種類もの野鳥が棲息していると考えられています。日本列島は広く長いので、地域特性や寒暖の違いなどによる差はありますが、それでもあなたがどの都道府県にお住まいであろうと、身近に数百種の野鳥が棲息しているのは、ほぼ間違いない事実なのです。

このように、「野鳥」という自然が、じつはそんなにたくさんの種類も身近にあるのだという事実を知ること、それこそが自然との共存への第一歩になるのではないかと考えているのです。

スズメ

どこにでもいてかわいらしいけど、けっこうヤンチャな性格

都心部　郊外　里山　山間部

スズメ目スズメ科スズメ属
Passer montanus
【分布】全国
【体長】約13〜15cm
【食性】雑食
【時期】通年（留鳥）
【生態・特徴】
人に近いところで生活し、人のいない深い山や高山などではほとんど見られない。繁殖を終えると群れをつくり、一定のねぐらを形成する。

スズメの数が減っているって本当？

コラム

　ここ数年、「スズメが激減！」というニュースを時どき耳にします。実際に減少傾向にあるのは事実でしょう。明確な理由はいまだ明らかにされていませんが、いくつかの推測は立ちます。

　1つは、気密性の高い住宅が増加したこと。元来スズメは、木造住宅の瓦屋根の隙間や軒先に巣をつくり繁殖をしてきました。しかし昨今の住宅には、そのような巣づくりに適した「隙間」がほとんどなく、繁殖活動がしにくい世の中になってしまったのです。

　もう1つは、ヒナの生存率の低下。スズメは1度の産卵で5〜7個程度の卵を産みますが、とくに都心部では、その生存数の平均は2.0以下。親スズメ2羽の数よりも低いということは、その数の減少につながるのです。

　原因として、1つはヒナが育つだけの充分な食糧の確保が困難になったことがあげられます。もう1つはカラスの存在。カラス避けネットなどが全国的に普及したことで、貴重な食料源であった生ゴミをあされなくなりました。そうなるとカラスたちが狙うのは、自分よりも小さくて弱い動物たち。よい環境が見つからず、仕方なく目立つ場所に巣づくりせざるを得なかったスズメの卵やヒナは、カラスたちの恰好のごちそうになってしまうのです。

シジュウカラ

スズメ40羽分の価値がある、ということから四十雀(シジュウカラ)

都心部　郊外　里山　山間部

スズメ目シジュウカラ科シジュウカラ属
Parus minor
【分布】全国
【体長】約14〜16cm
【食性】雑食
【時期】通年（留鳥(りゅうちょう)）
【生態・特徴】
繁殖期以外は小さな群れをつくって行動することが多い。その時、ほかのカラ類（ヤマガラなど）やコゲラなどとの混群をつくることも少なくない。

シジュウカラの雌雄の見分け方

コラム

　シジュウカラの特徴の1つとして、喉元から腹部に伸びるネクタイのような黒い帯がありますが、この「ネクタイ」の太いのがオス、細いのがメスです。

　しかし時どき個体差（個体変異）によってオスと同じくらいに太いネクタイをもつメスもいます。それでも、ネクタイは足のつけ根まで達することはありません（オスのネクタイは足のつけ根まで達します）。

雄　ネクタイが　太い　細い
雌
足の付け根まで　途中まで

コガラ

頭の黒さから、彼らを「鍋かむり」と呼ぶ地域もある

都心部 郊外 里山 山間部

スズメ目シジュウカラ科コガラ属
Poecile montanus
【分布】全国
【体長】約12～13cm
【食性】雑食
【時期】通年（留鳥）
【生態・特徴】
おもに亜高山帯までの森林に棲息(せいそく)するが、平地で見られることも多い。のど元には黒い斑紋があるが、シジュウカラのネクタイのように長くはない。蝶ネクタイといったところか。

ヒガラ

カラ類の中ではもっとも小さく、頭頂部には短い冠羽(かんう)をもつ

都心部 郊外 里山 山間部

スズメ目シジュウカラ科シジュウカラ属
Periparus ater
【分布】全国
【体長】約10～12cm
【食性】雑食
【時期】通年（留鳥）
【生態・特徴】
丘陵地から亜高山の森林に棲息する。シジュウカラがネクタイ、コガラが蝶ネクタイであれば、さしずめヒガラののど元の黒い模様は、大きなあごひげといったところか。

ヤマガラ

シジュウカラに似るが、その色合いは派手で非常に美しい

都心部 　郊外 　里山 　山間部

スズメ目シジュウカラ科シジュウカラ属
Parus varius
【分布】全国（北海道北部は少ない）
【体長】約13〜15cm
【食性】雑食
【時期】通年（留鳥）
【生態・特徴】
名前はヤマガラだが平地にも多く棲息する。秋には、冬に備えて樹木の種子などを、せっせと土の中や木の割れ目に貯めこんでいる姿を見られる機会も多い。

コラム

ヤマガラは人を恐れない？

　ヤマガラという野鳥は一般的にはあまりなじみがないかもしれませんが、1980年頃までは、人間の生活の周りで、わりと目にする機会のあった小鳥なのです。

　昔、神社などに行くと、おみくじを引いてくれる小鳥がいたことを覚えていませんか？　その小鳥こそがヤマガラです。彼らは学習能力が高い小鳥であることから、古くは平安時代から飼育されていたという記録も残されています。また、おみくじ引き以外にも、さまざまな芸を覚えられたので、江戸時代には動物興行の人気者でした。

　性格的にも人間になつきやすく、野山で見かけても、あまり強い警戒心は示さないことが多いようです。

ヤマガラのおみくじ

エナガ

丸い！ 小さい！ ほわほわ！
ファンも多い、尻尾が長くてカワイイ小鳥

都心部 △ / 郊外 ◎ / 里山 ◎ / 山間部 ◎

スズメ目エナガ科エナガ属
Aegithalos caudatus
【分布】九州以北
【体長】約13〜14cm
【食性】雑食
【時期】通年（留鳥）
【生態・特徴】
繁殖期以外では数羽〜数十羽の群れをつくり、忙しそうにあちこちの木々を飛び回る。小さな町なかの林などにも飛来する。日本でもっともクチバシの短い鳥。

ヒバリ

空高く飛翔して
ホバリングしながらさえずるさまは圧巻

都心部 △ / 郊外 ◎ / 里山 ◎ / 山間部 ◎

スズメ目ヒバリ科ヒバリ属
Alauda arvensis
【分布】九州以北（冬期は本州以南）
【体長】約16〜18cm
【食性】雑食
【時期】通年（留鳥または漂鳥）
【生態・特徴】
とくに春から初夏にかけて、よく縄張り宣言の鳴き声を上げることから、春の季語ともなっている。河原や草原、畑などの開けた場所で繁殖する。

鳥類

ウグイス

「春告鳥」として古くから親しまれてきた、
日本三鳴鳥の1つ

都心部　郊外　里山　山間部

スズメ目ウグイス科ウグイス属
Horornis diphone
【分布】全国（冬期は本州以南）
【体長】約14〜16cm
【食性】雑食
【時期】通年（留鳥（りゅうちょう））
【生態・特徴】
春先には「ホーホケキョ」と鳴く声があちこちから聞こえるが、その姿は藪の中に隠れていて、見られる機会はあまり多くない。

メジロ

その名のとおり、
目の周囲が白いことから「メジロ」

都心部　郊外　里山　山間部

スズメ目メジロ科メジロ属
Zosterops japonicus
【分布】全国（冬期は本州以南）
【体長】約12cm
【食性】雑食
【時期】通年（留鳥、一部は漂鳥（ひょうちょう））
【生態・特徴】
春先に、よく梅の花をついばむ姿が見られ、またその体色からウグイスと間違えられることも少なくない。おもに花蜜（かみつ）や果実を好んで食べる傾向がある。

間違われやすいメジロとウグイス

コラム

鳥類

　「梅にウグイス」という言葉があります。そのせいか写真雑誌などでも、梅の花蜜を吸うメジロのかわいらしい写真を投稿し、タイトルを「梅にウグイス」としているのを時どき見かけます。そもそもメジロの体色はウグイス色ともいえそうな鮮やかな緑色をしており、本家のウグイスのほうは暗緑茶色。間違えてしまうのも無理はありません。しかもメジロは花の蜜を好むため、梅や椿などの花弁に来訪しやすいので、ウグイスよりも目にする機会が多いのです。

　「だから梅にウグイスという言葉が間違いで、本当は梅にメジロなのだ」と主張する人もいますが、それはそれで間違いでしょう。「梅にウグイス」というのは、あくまでも「取り合わせのよい２つのもの」のたとえであり、梅の木にウグイスが訪れやすいという意味ではありません。梅の花が咲く頃、そこここでウグイスの「ホーホケキョ」という鳴き声が聞こえる早春の季節を表現しています。目では梅の花、耳ではウグイスの鳴き声、それが取り合わせのよい早春の、粋なイメージなのです。

コゲラ

全国で見られるキツツキ。都心部にも棲息している

都心部　郊外　里山　山間部

キツツキ目キツツキ科アカゲラ属
Dendrocopos kizuki / Picoides kizuki
【分布】全国
【体長】約13〜16cm
【食性】雑食
【時期】通年（留鳥）
【生態・特徴】
日本に棲息するキツツキの中ではもっとも小さい。鳴き声ではなく、ドラミング（木の幹などをくちばしで突く行為）をする音によって自分を誇示する。

コラム

都会に増えているキツツキ

　第二次世界大戦で焼け野原となった戦中戦後の東京では、おもに木の中に棲む昆虫を食べて生活をするコゲラが棲息することはできませんでした。しかし時間が経ち1980年代になると東京の雑木林などもずいぶんと再生し、ようやくコゲラも戻ってくることができたのです。

　そして現代では、郊外ではもちろん、都心部でも時どき見られる野鳥になりました。

　私自身、数年前に東京銀座の数寄屋橋交差点横の街路樹でドラミングをしているコゲラを目撃しました。おそらく、近くの日比谷公園や皇居辺りから飛来してきたと思われますが、このように都会のど真ん中でも野鳥とふれあえる機会は少なくないのです。

ホオジロ

「一筆啓上仕り候」と鳴くこの鳥は、
頬が白いからホオジロと名づけられた

都心部　郊外　里山　山間部

スズメ目ホオジロ科ホオジロ属
Emberiza cioides
【分布】屋久島以北
【体長】約16〜17cm
【食性】雑食
【時期】通年（留鳥、一部は漂鳥(ひょうちょう)）
【生態・特徴】
平地から山地の草原、河原、畑など、開けた場所にいることが多い。さえずりの聞きなしは「一筆啓上仕り候（いっぴつけいじょうつかまつりそうろう）」。

カシラダカ

頭部に短い冠羽があることから、
毛が逆立って見える冬鳥

都心部　郊外　里山　山間部

スズメ目ホオジロ科ホオジロ属
Emberiza rustica
【分布】全国
【体長】約15cm
【食性】雑食
【時期】冬
【生態・特徴】
通常は、冬場に小さな群れで行動し、春に繁殖地のシベリアへと渡る際には、大きな群れをつくる。ホオジロに似るが、腹部が白くて脇腹に赤茶色の斑紋があるのが特徴。

オオルリ

日本三鳴鳥の1つとして知られ、美しい姿でも人気の高い野鳥

都心部　郊外　里山　山間部

スズメ目ヒタキ科オオルリ属
Cyanoptila cyanomelana
【分布】全国
【体長】約16～17cm
【食性】動物食
【時期】夏
【生態・特徴】
日本では4月下旬から10月上旬頃まで見られる夏鳥。オスは鮮やかな青と黒の姿が特徴的。ゆっくりと美しい声でさえずることで人気が高い。

ツバメ

町なかで子育てをする姿をもっとも目にすることの多い野鳥

都心部　郊外　里山　山間部

スズメ目ツバメ科ツバメ属
Hirundo rustica
【分布】北海道南部以南
【体長】約17cm
【食性】動物食
【時期】夏
【生態・特徴】
町なかでもっともよく見られる野鳥の一種。人間のすぐ近くで生活（とくに繁殖活動）することで、天敵のヘビやカラスなどから巣や身を守っていると考えられている。

カワセミ

「渓流のエメラルド」と呼ばれるホバリングの名手

都心部 / 郊外 / 里山 / 山間部

ブッポウソウ目カワセミ科カワセミ属
Alcedo atthis
【分布】全国（冬期は本州以南）
【体長】約16〜18cm
【食性】動物食
【時期】通年（留鳥(りゅうちょう)）
【生態・特徴】
漢字では「翡翠」と書く。「渓流のエメラルド」と呼ばれているように、美しく優雅な姿で非常に人気が高い野鳥の1つ。

コラム：生活形態が変わる都会のカワセミ

　意外に多くのカワセミが都会にも棲息(せいそく)しています。東京を例に見ると、彼らカワセミは1970年頃に一度都心部から姿を消しています。しかし、1990年代半ば頃から再び数を増やしつつあるのです。理由としては、さまざまな環境保全施策によって、河川に食糧となる魚が増えたことがあげられます。

　本来では河川近くの垂直な土手に横穴を掘って営巣をするカワセミですが、都心部の河川は護岸されていて営巣ができません。そこで彼らは、川から数kmも離れた工事現場や小さな山の土手に営巣をしました。それによって都会でも繁殖が可能になり、数を少しずつ増やすことに成功したのです。

ハクセキレイ

人慣れしている水辺の常連
ハクセキレイ

都心部 ◎　郊外 ◎　里山 ◎　山間部 ◎

スズメ目セキレイ科セキレイ属
Motacilla alba lugens
【分布】本州以北（冬期は本州以南）
【体長】約21cm
【食性】雑食
【時期】通年（留鳥、一部は漂鳥(ひょうちょう)）
【生態・特徴】
河岸や田んぼなどの水辺でよく見られるが、町なかの路上などでも見られることは多い。尾羽を上下に振りながら歩く姿が特徴的。

セグロセキレイ

凛とした姿が美しい、
タキシードを着た小鳥

都心部 ◎　郊外 ◎　里山 ◎　山間部 ◎

スズメ目セキレイ科セキレイ属
Motacilla grandis
【分布】九州以北
【体長】約21cm
【食性】雑食
【時期】通年（留鳥）
【生態・特徴】
ハクセキレイによく似ていて、同じ場所で見られることも少なくないが、河川の中流より内陸側の水辺に多い。日本固有種としてあつかう場合もある。

キセキレイ

鮮やかな黄色い腹部が印象的な、美しい水辺の小鳥

都心部／郊外／里山／山間部

スズメ目セキレイ科セキレイ属
Motacilla cinerea
【分布】全国（冬期は本州以南）
【体長】約20cm
【食性】動物食
【時期】通年（留鳥、一部は漂鳥）
【生態・特徴】
セキレイの仲間の中でもとくに水辺に依存して生活することが多く、夏場に渓流ぞいを歩くと、ほぼ必ずその姿を確認できる。

ハクセキレイとセグロセキレイの見分け方　コラム

どちらも模様に個体差があるため、見慣れていないとパッと見ただけで見分けることはなかなかできません。

もっとも簡単で確実性の高い見分け方は、頬の部分の色でしょう。ハクセキレイは眼の下の部分が白く、セグロセキレイは黒いのが特徴です。

また鳴き声も、ハクセキレイが「チュッチュッ」と鳴くのに対し、セグロセキレイは「ジュッジュッ」と少しにごった声で鳴くのが特徴です。

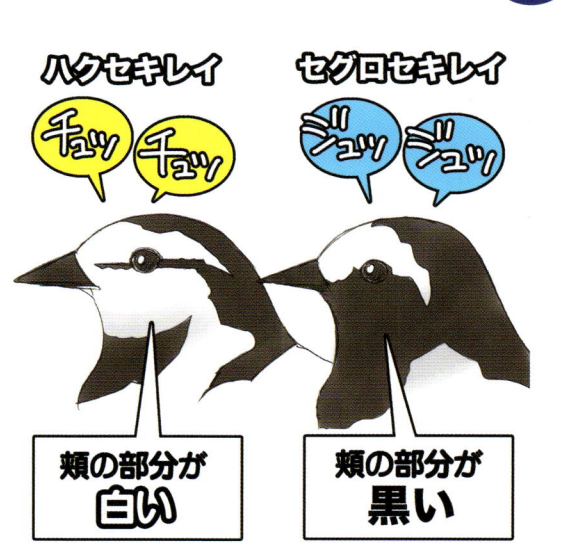

ハクセキレイ「チュッ チュッ」　頬の部分が白い
セグロセキレイ「ジュッ ジュッ」　頬の部分が黒い

鳥類

モズ

ニッポン野鳥界の串刺し魔、早贄(はやにえ)で知られるモズ

都心部　郊外　里山　山間部

スズメ目モズ科モズ属
Lanius bucephalus
【分布】全国（冬期は本州以南）
【体長】約19〜21cm
【食性】動物食（まれに木の実を食べる）
【時期】通年（留鳥(りゅうちょう)、北海道では夏鳥）
【生態・特徴】
トカゲや昆虫を枝先などに刺して早贄をつくる習性がある。秋の風物詩としても有名な「モズの高鳴き」は、初秋から始まるモズの縄張り宣言である。

モズの早贄の謎　コラム

　実際に見たことがなくても、「モズの早贄」の存在を知っている人は多いでしょう。ところが、じつはモズが何のためにやっているのか、正確にはわかっていません。「冬場の食糧確保のため」というのが一般的ですが、彼らは獲物を刺すだけ刺して風化させてしまうことも多く、あまり効率的とはいえません。そこで考えられるのが、獲物を固定する道具として枝先や鉄柵を使っているのではないかという説。実際モズの脚の力は弱く、獲物をつかみながらくちばしで引きちぎるのが難しいと考えられます。つまり獲物を食べようとして串刺しにした際に、運悪く何者かに邪魔をされて飛び去らねばならなくなった時、「モズの早贄」ができあがるのではないか、と考えられるのです。

ソウシチョウ

外来種

愛玩鳥として輸入され野生化した、
鳴き声の美しい「相思鳥」

△ 都心部　△ 郊外　◯ 里山　◯ 山間部

スズメ目チメドリ科Leiothrix属
Leiothrix lutea
【分布】関東〜九州（局地的）
【体長】約14〜16cm
【食性】雑食
【時期】通年（留鳥）
【生態・特徴】
おもに標高1000m以上の落葉広葉樹林・竹林を好むが、最近では市街地の平地などでも、ちょっとした雑木林があれば見られることがある。

ソウシチョウのフンは美容によい？

コラム

　ソウシチョウは、見た目のかわいらしさに似合わず大食漢で、フンを大量にすることでも知られています。そこに目をつけた人がソウシチョウを飼育してフンを集め、「ウグイスのフン」入り化粧品として売り出したところ、ビジネスとして成功したと聞きます。

　もともと「お肌によい」とされて化粧品に使われているウグイスのフンですが、このソウシチョウのフンに含まれる成分がウグイスのものとよく似ていることから、同様の効果が期待できるとのこと（真偽のほどは定かではありませんが）。ただし、フンをそのまま塗って効果が出るかどうかはわかりませんので、ソウシチョウのフンを見つけても、触ったり顔に塗ったりしないほうがよいでしょう。

カワラヒワ

身近にいるのにあまり知られていない、
飛翔時の鮮やかな黄色い羽が印象的な野鳥

都心部 / 郊外 / 里山 / 山間部

スズメ目アトリ科ヒワ属
Carduelis sinica
【分布】全国
【体長】約14〜15cm
【食性】植物食
【時期】通年（留鳥（りゅうちょう））
【生態・特徴】
あまり一般には知られていないが、最近では都市部の公園や住宅街などでも普通に見られる野鳥。飛翔時に広げた翼には、鮮やかで美しい黄色帯が映える。

オオヨシキリ

夏のアシ原の主役、
高い茎にとまってさえずる姿が凛々しい

都心部 / 郊外 / 里山 / 山間部

スズメ目ヨシキリ科ヨシキリ属
Acrocephalus arundinaceus
【分布】九州以北（沖縄では渡りのみ）
【体長】約18〜19cm
【食性】雑食（動物食傾向が強い）
【時期】夏（漂鳥（ひょうちょう））
【生態・特徴】
海岸から湖沼に至るアシ原に棲息（せいそく）し、周辺で昆虫などを捕食したり草の実を食べたりする。カッコウに托卵（たくらん）される鳥としても知られている。

アオジ

**黄色い腹部が特徴的な、
都会でも見られるかわいらしい野鳥**

都心部 / 郊外 / 里山 / 山間部

スズメ目ホオジロ科ホオジロ属
Emberiza spodocephala
【分布】本州中部以北（冬期は東北以南）
【体長】約14〜16cm
【食性】雑食
【時期】通年（国内で渡りをする漂鳥）
【生態・特徴】
茶色い地味なよそおいでスズメと間違える人も多いが、胸から腹部にかけての淡い黄色が特徴。とくに冬期には、地面でエサを探す姿がよく見られる。

ジョウビタキ

**オスの腹部の鮮やかなオレンジ色が美しい、
冬期にしか見られない野鳥**

都心部 / 郊外 / 里山 / 山間部

スズメ目ツグミ科（ヒタキ科）ジョウビタキ属
Phoenicurus auroreus Pallas
【分布】全国
【体長】約13〜15cm
【食性】雑食
【時期】冬（漂鳥）
【生態・特徴】
尾を振りながら「カッカッ」と鳴く声が、火打ち石を叩く音に似ていることから、「ヒタキ」の名がついたと言われている。雑食だが、おもに昆虫やクモを好む。

シメ

太いくちばしは、堅い木の実もらくらく割れる

都心部 郊外 里山 山間部

スズメ目アトリ科シメ属
Coccothraustes coccothraustes
【分布】北海道〜本州中部以北（冬期は本州以南）
【体長】約18〜19cm
【食性】植物食
【時期】冬（漂鳥、一部は留鳥）
【生態・特徴】
「シー」と聞こえる鳴き声に、鳥を意味する「メ」がついて「シメ」。とくに冬場は、雑木林や公園、住宅街などでも見られることがある。

ウソ

かつては「弾琴鳥」などと呼ばれ、古くから愛されてきた野鳥

都心部 郊外 里山 山間部

スズメ目アトリ科Pyrrhula属
Pyrrhula pyrrhula
【分布】本州中部以北（冬期は全国）
【体長】約15〜16cm
【食性】雑食
【時期】冬（漂鳥、または留鳥）
【生態・特徴】
オスの頬からのど元にかけての紅色が美しい野鳥。繁殖期には平地から山地の針葉樹林で見られ、繁殖期以外は10羽くらいの小さな群れで行動することが多い。

ムクドリくらいの大きさの野鳥たち

野鳥観察 同定のコツとポイント　コラム

　時どき、「野鳥観察はしてみたいけど、見つけても種類や調べ方がわからないから……」という声を聞きます。何かを見つけても、国内で見られる数百種の野鳥の中から、図鑑などを使って探し出すのは至難の業です。ではどうしたらよいのでしょうか？　ヒントをお教えしましょう。

　まず何らかの野鳥を見つけた際、一番よいのは写真を撮ることです。でも、いつも望遠レンズ付きカメラを持ち歩けませんし、持っていてもすぐに撮れない場合も多いものです。そんな時は、以下の内容をメモしましょう。簡単なイラストが描ければなおよしです。

（1）**見かけた場所の記録**……「近所の公園」とか「雑木林」、「○○の山の中」など
（2）**野鳥の大きさ**……「スズメくらい」「カラスくらい」など
（3）**色彩の特徴**……色や模様について、できるだけ詳しく
（4）**形の特徴**……とくにくちばしや尻尾の形や長さについて、できるだけ詳しく
（5）**鳴き声**……可能なら、どんなふうに鳴いていたのかを、できるだけ詳しく

　これらの情報をメモしておくと、後で図鑑などで同定する時、かなりしぼりこんで検索することが可能になります。続けているとどんどん慣れてきて、数か月もすれば短時間で同定ができるようになるでしょう。ぜひ、挑戦してみてください。

ムクドリ

人気投票ワースト1の不名誉！
理由は「どこにでもいて騒がしい」から

都心部　郊外　里山　山間部

スズメ目ムクドリ科ムクドリ属
Sturnus cineraceus
【分布】全国
【体長】約23〜25cm
【食性】雑食
【時期】通年（留鳥、一部は漂鳥）
【生態・特徴】
平地から山地のいたるところで見ることができる。都心部や住宅街でも普通に棲息している。かつては、農作物の害虫を食べる益鳥とされていた時代もある。

ヒヨドリ

深い山中にも都心部にも棲息し、
もっとも観察しやすい野鳥

都心部　郊外　里山　山間部

スズメ目ヒヨドリ科ヒヨドリ属
Hypsipetes amaurotis
【分布】全国
【体長】約26〜29cm
【食性】雑食（植物食傾向が強い）
【時期】通年（留鳥、一部は漂鳥）
【生態・特徴】
1970年頃まで、東京都においてヒヨドリは秋にやってきて春先に去っていく冬鳥だったが、現在では1年中見ることのできる留鳥となった。

ツグミ

冬になると、地上で食糧を探す姿が よく見られる野鳥

都心部　郊外　里山　山間部

スズメ目ツグミ科ツグミ属
Turdus naumanni
【分布】全国
【体長】約23〜25cm
【食性】雑食
【時期】冬（漂鳥）
【生態・特徴】
冬にはよく聞こえた鳴き声が夏には全く聞こえなくなることから、「口をつぐんだ鳥」という意味で「ツグミ」という名がついたと言われている。

アカハラ

その名の通り腹部の赤（オレンジ）が 鮮やかで印象的な野鳥

都心部　郊外　里山　山間部

スズメ目ツグミ科ツグミ属
Turdus chrysolaus
【分布】本州中部以北、冬期は中部地方以南
【体長】約23〜25cm
【食性】雑食（動物食傾向が強い）
【時期】通年（国内で渡りをする漂鳥）
【生態・特徴】
初夏の早朝には「キャランキャランツチー」という、澄んだよく通る声で鳴く姿が見られることが多い。冬には都会の公園などでも見られる。

鳥類

アオゲラ　　　日本固有種

漢字で「緑啄木鳥」と書くとおり、背と肩羽が灰緑色

△ 都心部　○ 郊外　○ 里山　○ 山間部

キツツキ目キツツキ科アオゲラ属
Picus awokera
【分布】本州以南
【体長】約28〜30cm
【食性】雑食（動物食傾向が強い）
【時期】通年（留鳥）
【生態・特徴】
おもに平地から山地にかけての森林に棲息するが、都会の公園や住宅街などにも棲息する。目の下と頭に赤い斑紋のあるのがオスでメスにはない。

アカゲラ

白と黒のコントラストが絶妙で、その中に赤が映える美しい野鳥

― 都心部　△ 郊外　○ 里山　◎ 山間部

キツツキ目キツツキ科アカゲラ属
Dendrocopos major
【分布】本州以北
【体長】約22〜25cm
【食性】雑食（動物食傾向が強い）
【時期】通年（留鳥）
【生態・特徴】
おもに、立ち枯れたアカマツなどの巨木を突いて穴を掘り営巣する。山地の森林に棲息することが多いが、平地の里山などでも見られる。単独かペアで生活している。

キツツキの名前の由来

「キツツキ」という名の鳥は、実際には存在しません。キツツキの仲間のほとんどの名前には「ゲラ（ケラ）」がつきます。これはおそらく、昆虫全般を意味する「ケラ」が語源です。彼らキツツキは「木を突っついて虫を捕食する」ことから、かつては「ケラツツキ」と呼ばれていました。それが「ケツツキ」となり、やがて「キツツキ」という名に落ち着いたのだろうと考えられます。

個々の種を表す名前としては、たとえば「アカケラツツキ」だったものがアカゲラに、「アオケラツツキ」だったものがアオゲラに、「コケラツツキ」がコゲラへと変わっていったのでしょう。

オオアカゲラ

アオゲラ

ホトトギス

鳴き声は、季節の初音として夏の訪れを告げる

都心部 △ / 郊外 △ / 里山 ○ / 山間部 ○

カッコウ目カッコウ科カッコウ属
Cuculus poliocephalus

【分布】北海道南部以南
【体長】約28cm
【食性】動物食
【時期】夏（漂鳥）
【生態・特徴】
托卵をする野鳥として知られる代表格。おもに茶色い卵を産み、その色の似ているウグイスの巣に托卵することが多い。ほかにもホオジロなどの巣にも托卵する。

托卵する野鳥 （コラム）

　野鳥の「托卵」とは、ほかの種類の野鳥が産んだ卵のある巣の中に、そっと自分の卵を産みつけ、その巣の持ち主に自分のヒナを育てさせることを言います。巣づくりから抱卵、子育てまでを仮親にゆだね、効率的に自身の種を存続させるのです。

　托卵する野鳥としてよく知られるのは、ホトトギスやカッコウをはじめ、ツツドリやジュウイチなど、カッコウ科の種類があげられます。

　産みつけられた巣の中ではほとんどの場合、托卵鳥のヒナはもっとも早く羽化し、ほかの卵やヒナを巣の外へ捨てたりして、仮親が運んでくる食糧を独占して生き残りをはかります。

ウグイス／ウグイスの卵／ホトトギスの卵／任せた

コジュケイ　　　　　　外来種

茂みの中から、「チョット来い」と呼ぶ野鳥

都心部　郊外　里山　山間部

キジ目キジ科コジュケイ属
Bambusicola thoracicus
【分布】本州～九州のおもに太平洋側・伊豆諸島
【体長】約25～29cm
【食性】雑食
【時期】通年（留鳥(りゅうちょう)）
【生態・特徴】
日本国内に広く棲息(せいそく)するが、雪の深い日本海側の地域などには定着していない。1910年代、中国から輸入されて人為的に野に放たれた外来種。

「聞きなし」って何？　　コラム

　「聞きなし」とは、動物（おもに野鳥の場合が多い）の鳴き声を人間の言葉にあてはめ、覚えやすくしたものをさします。

　有名なところでは、ウグイスの「法、法華経」があげられます。ほかにもコジュケイの「ちょっと来い」という繁殖期の鳴き声や、「特許許可局」「テッペンカケタカ」と聞こえるホトトギス、「一筆啓上仕り候」のホオジロ、「月日星ホイホイホイ」のサンコウチョウなどがあります。

　誰が聞いてもそう聞こえるわけではありませんが、「聞きなしを確かめる」という視点での野鳥観察をしてみるのもおもしろいですね。自分でも聞きなしをつくれるかもしれません。

チョットコイ

一筆啓上仕り候

ガビチョウ

外来種

声が美しく、ウグイスやオオルリなどの鳴きまねも得意

都心部　郊外　里山　山間部

スズメ目チメドリ科ガビチョウ属
Garrulax canorus
【分布】東北南部〜九州
【体長】約23〜25cm
【食性】雑食
【時期】通年（留鳥(りゅうちょう)）
【生態・特徴】
1990年頃から日本の里山で頻繁に見られるようになった外来種の野鳥。1970年代、その鳴き声が美しいことから輸入され、野山にも定着した。

増える外来種の野鳥たち

コラム

　ここまで紹介してきた中でもソウシチョウにコジュケイ、ガビチョウなど、日本には多くの外来種の野鳥が棲息(せいそく)しています。それらのほとんど全てが人為的に、もともと日本にはいない野鳥であるとわかった上で持ち込まれたものなのです。その理由もほとんどが「鳴き声が美しいのでペットとして飼うため」だったり「趣味で狩猟を楽しむため」だったりと、"必然"とは言えないようなものばかり。あげく逃げられたり飼いきれず野に放したり……。それによって元来日本に棲息する野鳥たちの生態系を狂わせるばかりか、在来種であるほかの昆虫やは虫類などの生態系にまで、深刻な被害をおよぼしているのです。

ハトくらいの
大きさの野鳥たち

鳥類

都会に野鳥たちが増えた理由　コラム

　ここ30年ほどの間に、何種類もの野鳥が都市部で急激に数を増やしました。ここまで紹介してきたコゲラやカワセミ、ヒヨドリを始め、猛禽類(もうきんるい)のチョウゲンボウ、カワウ、カルガモなどなど。

　これらは大きく、以前から棲息していたけど最近になって増えたもの、以前はほとんどいなかったのに最近増えたもの、本来は冬にしか見られなかったのに最近は１年中見られるものに分けられます。

　最近になって増えたものについては、1980年頃から行政も力を入れ始めた環境保全が大きく影響していると考えて間違いないでしょう。中でもとくに野鳥の生活にうるおいを与えた理由は、河川がきれいになり魚が増えたことがあげられます。

　それと同時に、ツバメやチョウゲンボウなどのように、人工建造物を上手に利用する方法を覚えた野鳥たちも数を増やしています。彼らのもつ本来の生活体系に人の手によってつくられた建造物が合致することで、過ごしやすい環境を提供することができたと考えてよいでしょう。

　だからと言って都会に野鳥が増加したわけではありません。増えた野鳥たちの陰には、都会の生活になじめずに離れていってしまったさらに多くの野鳥たちがいます。わたしたちはそのことを決して忘れてはならないのです。

ドバト（カワラバト） 外来種

日本の代表的な野鳥だが、もともと日本にはいなかった

都心部　郊外　里山　山間部

ハト目ハト科カワラバト属
Columba livia
【分布】全国
【体長】約30〜34cm
【食性】雑食（植物食傾向が強い）
【時期】通年（留鳥）
【生態・特徴】
伝書鳩やレース鳩など、日本人に身近な鳥として知られているが、日本には奈良時代以前に人為的に持ちこまれたとされる外来種である。

キジバト

こちらは日本在来のハト、ウロコ模様の羽が特徴的

都心部　郊外　里山　山間部

ハト目ハト科キジバト属
Streptopelia orientalis
【分布】全国（冬期は本州以南）
【体長】約31〜34cm
【食性】雑食（植物食傾向が強い）
【時期】通年（留鳥、一部は漂鳥）
【生態・特徴】
ヤマバトとも呼ばれる。基本的には1年を通じてつがいで生活をするが、繁殖相手のいない個体は、とくに冬期には群れをつくって生活する。

ドバトの正体は、家畜化されたカワラバト

コラム

鳥類

　都心部から山間部にいたるまで、そこここで見られるドバトですが、もともと日本にはいない鳥でした。アフリカから中国に棲息していたカワラバトを家畜化し、日本に輸入後、再野生化して増えたものが、現在のドバトです。つまりは外来種。

　家畜化された過去があるからなのか、あまり人間を恐れず、公園などにいる個体は人の手からパンや豆などを食べる姿も見られます。

　ドバトには「平和の象徴」というイメージがありますが、これは1964年に開催された東京オリンピックが大きく影響しています。開会式セレモニーの1つとして、8000羽以上の伝書鳩が大空に放たれました。その姿は当時普及し始めたカラーテレビで中継され、視聴者の目を釘づけにしました。以来、ドバトは平和の象徴としてのイメージを確立したのです。

オナガ

尾が長く、背から尾羽にかけての美しい蒼(あお)が印象的なカラスの仲間

都心部 ／ 郊外 ／ 里山 ／ 山間部

スズメ目カラス科オナガ属
Cyanopica cyana
【分布】中部以北～東北南部
【体長】約34～39cm
【食性】雑食
【時期】通年（留鳥(りゅうちょう)）
【生態・特徴】
かたよった分布で局地的に棲息(せいそく)する。毎日の行動がほぼ一緒のため、見られる場所では毎日ほぼ同時刻に見ることができる。キレイな野鳥だが鳴き声はうるさい。

カケス

「頭のよい野鳥」として話題になるカラスの仲間

都心部 ／ 郊外 ／ 里山 ／ 山間部

スズメ目カラス科カケス属
Garrulus glandarius
【分布】全国
【体長】約31～34cm
【食性】雑食
【時期】通年（留鳥）
【生態・特徴】
カラスの仲間。繁殖期以外では小さな群れをつくって行動することが多い。地上にもよく下りるが、その際、跳ねるように歩く姿が特徴的。

チョウゲンボウ

最近では町なかでも見られる
ようになった小型のハヤブサ

| 都心部 | 郊外 | 里山 | 山間部 |

ハヤブサ目ハヤブサ科ハヤブサ属
Falco tinnunculus
【分布】本州中部以北（冬期は本州以南）
【体長】約30〜38cm
【食性】動物食
【時期】通年（留鳥、一部は漂鳥）
【生態・特徴】
小型のハヤブサで、以前より里山や山間部でよく見られた。最近ではビルや鉄橋などに営巣する個体も増え、市街地や都市部でも見られるようになった。

獲物をとらえるチョウゲンボウの特殊な目

コラム

　チョウゲンボウは、上空でホバリングをしながら地上のネズミなどを探し、見つけると急降下して捕食します。

　彼らは小動物の尿のあとを見分ける目をもっていて、そのあとを頼りに獲物の巣穴などを見つけるようです。彼らの目には紫外線を識別する能力が備わっています。この能力によって、主食であるネズミなどの齧歯目の尿が反射するのを見つけ出し、捕食を容易にしていると推測されているのです。

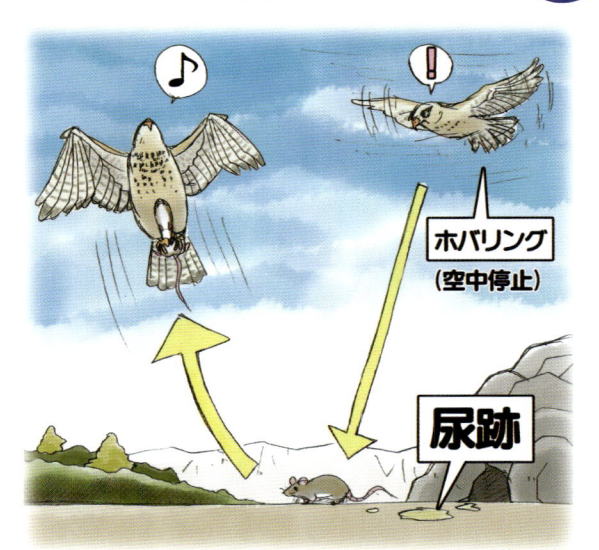

ホバリング
（空中停止）

尿跡

コガモ

国内のカモ類としては、
もっとも身体の小さなカモ

都心部　郊外　里山　山間部

カモ目カモ科マガモ属
Anas crecca
【分布】全国
【体長】約34〜38cm
【食性】雑食（植物食傾向が強い）
【時期】冬（漂鳥、北海道では旅鳥・夏鳥）
【生態・特徴】
基本的には植物の種子や葉、茎などを食べるが、プランクトンや小さなエビなどの動物性の食物も食べる。マガモなどほかのカモ類と一緒にいることも少なくない。

キンクロハジロ

愛嬌のある容姿がかわいらしい、
カモ界の潜水名人

都心部　郊外　里山　山間部

カモ目カモ科ハジロ属
Aythya fuligula
【分布】全国
【体長】約40〜47cm
【食性】雑食
【時期】冬（漂鳥、北海道では旅鳥・夏鳥）
【生態・特徴】
基本的には河川や湖沼などの淡水・汽水域に棲息するが、沿岸近くの海上で見かけることも少なくない。潜水して貝やエビなどを捕食する。

バン

名の由来は、
「田んぼの番をする鳥」から

都心部　郊外　里山　山間部

ツル目クイナ科Gallinula属
Gallinula chloropus
【分布】全国（冬期は中部以南）
【体長】約32〜35cm
【食性】雑食
【時期】通年（留鳥、または漂鳥(りゅうちょう)）
【生態・特徴】
河川や湖沼、水田などに棲息する。都市部の公園の池などでも見ることができる。水鳥の仲間だが、脚には水かきがない。

オオバン

クイナの仲間ではもっとも大きく、
西洋では「雅」のシンボル

都心部　郊外　里山　山間部

ツル目クイナ科オオバン属
Fulica atra
【分布】九州以北（冬期は本州以南）
【体長】約32〜39cm
【食性】雑食（植物食傾向が強い）
【時期】通年（留鳥、または漂鳥）
【生態・特徴】
バンの仲間でひと回り大きいことからオオバン。額の部分（額板(がくいた)）は、バンが赤いのに対してオオバンは白い。繁殖が終わると、数百羽の群れをつくることもある。

鳥類

カラスくらいの大きさの野鳥たち

カラスが黒いのはカラスの意志なの？

コラム

　野鳥をはじめ、基本的にほとんど全ての野生動物たちには、それぞれの体色に意味があります。身体が大きく見える模様、自身を目立ちにくくする色彩、メスにモテやすい配色などなど。

　よく、「○○に進化することで、敵から襲われにくくした」と表現されますが、ほとんどの場合それは間違いです。動物自らの意志でその色を変えたり身体の構造を進化させることはできません。「たまたま○○に変異したら敵に襲われにくくなったので、その数が増えた」などと考えるのが正しいところでしょう。

　たとえばカラスもそうです。彼らは産まれた時からメラニンとチロシナーゼという酵素を持ち合わせています。それが反応することで黒くなるのですが、じつは想像以上に、アルビノと呼ばれる白色個体のヒナ（チロシナーゼをもっていないことで白くなる）が誕生していると考えられます。しかし、そのまま成長して大人の白いカラスになることは非常にまれで、ほとんどの個体はヒナのうちに天敵である猛禽類などに見つかって捕食されてしまうのです。

　ほかにも灰色の個体や、一部分だけ白い個体なども見つかっています。これらは色素が身体全体に至らない変異（異常）です。それがもしも、より敵に見つかりにくく生存率が高い変異であれば、数百年〜数千年後のカラス界の勢力図が「真っ黒」派の独壇場から変化していく可能性もないとは言えないのです。

マガモ

派手な装いのオスの姿は、冬の水辺の風物詩

都心部　郊外　里山　山間部

カモ目カモ科マガモ属
Anas platyrhynchos
【分布】全国
【体長】約50～64cm
【食性】雑食（植物食傾向が強い）
【時期】冬（漂鳥、一部は留鳥）
【生態・特徴】
昔から食用としても重宝されており、ほかのカモの仲間と比較して臭みがなく、また1羽からとれる肉の量も多い。もっともおいしいとされている。

カルガモ

皇居への引っ越しでも有名、日本国内で繁殖をする唯一のカモ類

都心部　郊外　里山　山間部

カモ目カモ科マガモ属
Anas poecilorhyncha
【分布】全国（冬期は本州以南）
【体長】約52～62cm
【食性】雑食
【時期】通年（留鳥、北海道では夏鳥）
【生態・特徴】
本来は警戒心が強いが、日本では家畜種のアヒルとの交雑種も多いと考えられる。そのために人間をあまり恐れない個体も少なくない。

ハシブトガラス

全国の町なかで、もっとも多く見られる

注意

都心部　郊外　里山　山間部

スズメ目カラス科カラス属
Corvus macrorhynchos
【分布】全国
【体長】約55〜60cm
【食性】雑食（動物食傾向が強い）
【時期】通年（留鳥^{りゅうちょう}）
【生態・特徴】
全国で多く見られる。とくに子育ての時期になると、卵やヒナをまもるため、人間を攻撃することも多い。生ゴミなどをあさっているのは、ハシブトガラスの場合が多い。

ハシボソガラス

農地や河岸などで、植物の種や実を探していることが多い

注意

都心部　郊外　里山　山間部

スズメ目カラス科カラス属
Corvus corone
【分布】全国
【体長】約48〜53cm
【食性】雑食（植物食傾向が強い）
【時期】通年
【生態・特徴】
全国の都市部でも見られるが、里山や山間部に多い。ハシブトガラスよりも少しにごった声で鳴く。繁殖期以外では、夜になるとねぐらに集まり、群れをつくる。

ハシブトガラスとハシボソガラスの見分け方

コラム

どちらも真っ黒で「カーカー」と鳴くし、ひと目で見分けがつきにくいハシブトガラスとハシボソガラスですが、以下のポイントを覚えておくと、バッチリ見分けられるようになるでしょう。

（1）大きさの違い

　まずは大きさ。ハシブトガラスはハシボソガラスよりもひと回り大きいのが特徴。

（2）顔のつくりの違い

　名前のとおり、ハシブトガラスはクチバシが太く、ハシボソガラスは細い。またおでこの形も、ハシボソガラスが平面的なのに対して、ハシブトガラスはポコンっと隆起しています。

（3）鳴き声の違い

　ハシブトガラスが「カーカー」と、よく通ってうるさいが澄んだ声で鳴くのに対して、ハシボソガラスは「ガーガー」と少しにごった声で低く鳴くのが特徴。

（4）歩き方の違い

　ハシブトガラスはピョンピョンと跳ねるように歩くことが多い。ハシボソガラスは両脚を交互に出して、しっかりと一歩ずつ歩くことが多い。

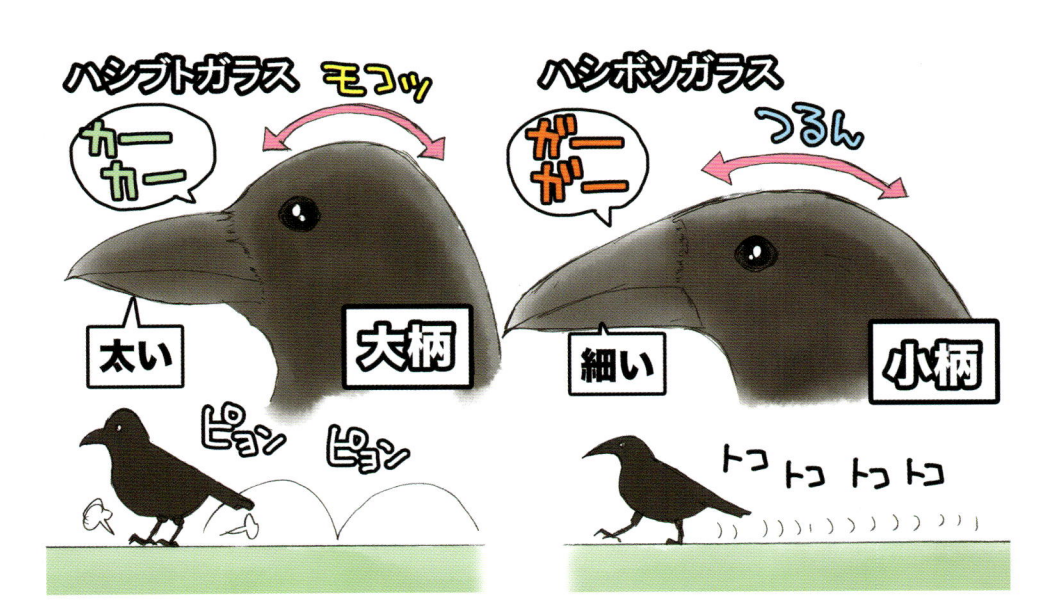

オオタカ

昔から鷹狩りに使われるなど、人とのつき合いも長い野鳥

△ 都心部　△ 郊外　○ 里山　○ 山間部

タカ目タカ科ハイタカ属
Accipiter gentilis
【分布】四国以北（冬期は全国）
【体長】約50〜60cm
【食性】動物食
【時期】通年（留鳥、一部は漂鳥）
【生態・特徴】
一時は絶滅も危惧されていたが、「希少野生動植物」に指定されたことで現在では数も回復傾向にあり、都市近郊でも姿が見られるようになっている。

ノスリ

鷹狩りに使えなかったことから、「クソトビ」という気の毒な別名も

△ 都心部　△ 郊外　○ 里山　○ 山間部

タカ目タカ科ノスリ属
Buteo japonicus
【分布】四国以南（冬期は全国）
【体長】約50〜60cm
【食性】動物食
【時期】通年（留鳥、一部は漂鳥）
【生態・特徴】
平地から山間部に広く棲息し、市街地でも見られる。名前は、地面を擦るように飛ぶことからつけられたと聞くが、実際には空高くを飛ぶことが多い。

チュウヒ

地面すれすれの低空飛行で
地上の獲物を捕らえるハンター

都心部 郊外 里山 山間部

タカ目タカ科チュウヒ属
Circus spilonotus
【分布】四国以南（冬期は全国）
【体長】約48〜60cm
【食性】動物食
【時期】通年（留鳥、一部は漂鳥）
【生態・特徴】
日本で唯一、地上に営巣するタカの仲間。低空飛行が得意なことから、その名前はノスリと間違って逆に記録されたのではないか、という説もある。

ミサゴ

魚のつかみ取りを得意とする
水辺の狩人

都心部 郊外 里山 山間部

タカ目ミサゴ科ミサゴ属
Pandion
【分布】九州以北（冬期は全国）
【体長】約54〜64cm
【食性】動物食
【時期】通年（留鳥、一部は漂鳥）
【生態・特徴】
海岸付近に棲息することが多く、おもに水面近くを泳ぐ魚を捕食する。その際、獲物が重過ぎて持ち上がらないと、刺さった爪が外れずにそのまま溺れ死んでしまうこともある。

飛んでいる猛禽類の見分け方

コラム

トビ

オオタカ

ハイイロチュウヒ

チュウヒ

ノスリ

ミサゴ

チョウゲンボウ

ゴイサギ

夕方から動きが活発になる、夜行性のサギの仲間

都心部　郊外　里山　山間部

コウノトリ目サギ科ゴイサギ属
Nycticorax nycticorax
【分布】本州以南（冬期は中部地方以南）
【体長】約57〜65cm
【食性】動物食
【時期】通年（留鳥、一部は漂鳥）
【生態・特徴】
海岸、河川、湖沼に棲息するが、都市部の池などでも見られる。本州北部に棲息する個体は、冬期に南へと移動して越冬する。

ササゴイ

釣りをして魚を捕食する、知恵者サギの仲間

都心部　郊外　里山　山間部

コウノトリ目サギ科ササゴイ属
Butorides striatus
【分布】本州以南
【体長】約40〜52cm
【食性】動物食
【時期】夏（漂鳥）
【生態・特徴】
河川、湖沼、水田などの水辺に棲息する。浅瀬で魚や水棲昆虫を待ち伏せて捕食する。中にはハエなどを水面に落とし、それに集まる魚を捕らえる個体もいる。

ウミネコ

港や砂浜、堤防に行けば、ほぼ必ず出会えるカモメの仲間

都心部 ◎ 郊外 ◎ 里山 ○ 山間部 △

チドリ目カモメ科カモメ属
Larus crassirostris
【分布】全国
【体長】約44〜48cm
【食性】雑食（動物食傾向が強い）
【時期】通年（留鳥、一部は漂鳥（ひょうちょう））
【生態・特徴】
日本国内ではもっとも数の多いカモメの仲間。海沿いの広い地域で「ミャアミャア」と鳴きながら飛んでいる。ほかのカモメ類と混泳している姿もよく見られる。

カモメ

よく知られている野鳥のわりにじつは見られる機会は少ない？

都心部 △ 郊外 ○ 里山 △ 山間部 △

チドリ目カモメ科カモメ属
Larus canus
【分布】九州以北
【体長】約40〜46cm
【食性】雑食（動物食傾向が強い）
【時期】冬（漂鳥）
【生態・特徴】
1年中見られると思われがちだが、冬にしか見られない冬鳥。数も少なく、「いた」と思ってもウミネコやセグロカモメである場合が多い。

ユリカモメ

カモメの仲間の中では、もっとも内陸でも確認できる野鳥

都心部　郊外　里山　山間部

チドリ目カモメ科カモメ属
Larus ridibundus
【分布】全国
【体長】約40cm
【食性】雑食（動物食傾向が強い）
【時期】冬（漂鳥）
【生態・特徴】
新橋と東京臨海副都心を結ぶ"ゆりかもめ"が開通し、一気にその名が有名になった。じつは日本の夏場には見ることのできない冬鳥。

オオセグロカモメ

日本ではウミネコの次によく見られる、カモメの仲間

都心部　郊外　里山　山間部

チドリ目カモメ科カモメ属
Larus schistisagus
【分布】北海道〜東北（冬期は本州以南）
【体長】約55〜67cm
【食性】雑食（動物食傾向が強い）
【時期】通年（留鳥、一部は漂鳥）
【生態・特徴】
ウミネコよりもひと回り大きなカモメ。名前の通り背や翼上面が青っぽい黒。海岸の崖などにコロニーをつくって営巣する。北日本に多く西日本には少ない。

ウミネコ・カモメ類の見分け方

ウミネコ
- 赤黒の縞
- 尾羽の裏側に黒い帯
- 目：赤・黄
- 黄色（脚）

カモメ
- 短い
- 黒い斑がぼんやり
- 赤
- 黄色（脚）

ユリカモメ
- 目の後ろに黒色斑
- 赤
- 先端は黒
- 赤（脚）

オオセグロカモメ
- 翼の上部の羽は白い
- ピンク斑
- ピンク（脚）

トビくらいの大きさの野鳥たち

鳥類

コラム 鳥の祖先って恐竜なの？

「恐竜から鳥が生まれた」「いや、同じ祖先から恐竜と鳥は分かれて誕生した」「逆に鳥が進化して恐竜になったのだ」など、さまざまな説がありますが、もっとも合点のいく説は、恐竜が進化して鳥になったというものでしょう。というのも、鳥の脚は特徴的な形に折れ曲がっていて、これは今から１億年以上も前、恐竜の頃にはじまったものであることが最近の研究でわかったのです。前脚が大型化して翼となり、やがて飛ぶ能力を得ますが、その際、後脚が奇妙な形へと変化し、身体のバランスをとることができるようになったと考えられます。

また近年、羽毛をもつ恐竜の化石が数多く発見されていることも、この説の信ぴょう性を裏づける大きな手がかりの１つとなっています。彼らが現代の鳥のように卵を巣の中で温めていたことや、くちばしをもつものがいたことなどが研究で明らかにされているのです。

トビ

もっとも身近に見られる、タカの仲間

都心部　郊外　里山　山間部

タカ目タカ科トビ属
Milvus migrans
【分布】全国
【体長】約58〜68cm
【食性】雑食（動物食傾向が強い）
【時期】通年（留鳥、一部は漂鳥）
【生態・特徴】
日本人にとって、もっとも身近な猛禽類。都市部から山間部まで、いたるところで姿を見ることができる。空高くを旋回しながら「ピーヒョロロー」と鳴く。

トビの扱いが低いのは何故だ？

コラム

　油揚げをさらったり、ごくまれにタカ（オオタカ？）を産んでみたりと、何かとネガティブなイメージがつきまとうトビ。なぜそこまで扱いが低いのでしょうか？

　その理由はいくつか考えられますが、一番は人間の出した生ゴミや残飯をあさる姿があげられます。せっかくのタカの優美なイメージも、生ゴミをあさっていては台なしです。

　そして鳴き声。「ピーヒョロロ〜」と甲高い声でマヌケに鳴くのも、評価を下げるポイントの1つでしょう。

　でも実際は、間近で見ると身体も大きく精悍な顔つきをしていてなかなかカッコイイのです。一度じっくり観察をしてみてはいかがでしょうか。

ニホンキジ

日本固有種

意外と見られる機会が多い、ニッポンの国鳥

都心部 郊外 里山 山間部

キジ目キジ科キジ属
Phasianus versicolor
【分布】本州以南
【体長】約58～81cm
【食性】雑食
【時期】通年（留鳥）
【生態・特徴】
抱卵中のメスは、草陰などにひそんでめったにその場を離れない。そのため、時どき、草刈機に首をハネられてしまうといった悲劇も起こる。

日本の国鳥の将来は？

コラム

　国鳥であり日本固有種でもあるニホンキジですが、じつはもうほとんど絶滅している可能性も少なくありません。

　ずいぶん昔から日本では、朝鮮半島より人為的に持ち込まれたコウライキジを、おもに狩猟目的で大量に放鳥しています。それが本種と交雑を繰り返してきたことで、いわゆる純粋な日本固有種としてのニホンキジは、もはやほとんど棲息していないのではないかと考えられるのです。

おもに狩猟目的で、相当数が日本の野山に放たれたコウライキジ

コサギ

町なかでもよく見かける、小型のサギの仲間

都心部　郊外　里山　山間部

コウノトリ目サギ科シラサギ属
Egretta garzetta
【分布】東北南部以南
【体長】約58〜63cm
【食性】動物食
【時期】通年（留鳥、一部は漂鳥）
【生態・特徴】
時どき浅瀬で脚を震わせている場面に出会うが、そうすることで泥や水草の中にいる魚やザリガニを追い出して捕食している。もっともよく見られるサギの仲間。

ダイサギ

アオサギと並ぶ、日本で一番大きなサギの仲間

都心部　郊外　里山　山間部

コウノトリ目サギ科アオサギ属
Ardea alba
【分布】本州以南
【体長】約85〜96cm
【食性】動物食
【時期】通年（夏鳥または漂鳥、一部冬鳥）
【生態・特徴】
オオダイサギ（冬鳥）とチュウダイサギ（夏鳥）という2つの亜種が存在する。繁殖期になると木の上に集団繁殖コロニー（サギ山）をつくる。

鳥類

チュウサギ

水辺の魚やカエルも食べるが、よりバッタなどを好む水鳥

都心部　郊外　里山　山間部

コウノトリ目サギ科アオサギ属
Ardea intermedia
【分布】本州以南
【体長】約66〜70cm
【食性】動物食
【時期】夏（漂鳥、暖地では一部留鳥）
【生態・特徴】
九州などの南方の暖かい地方では通年見られる留鳥だが、ほとんどの個体は冬になると越冬地のフィリピンなどに渡っていく夏鳥。

白鷺の見分け方

コラム

　一般的には「白鷺」とひとくくりに呼ばれがちですが、日本では大きくコサギ・チュウサギ・ダイサギの3種類に分けられます（ほかにアマサギを含む場合もある）。

　コサギと、ダイサギ・チュウサギの区別は脚の色を見れば簡単に判断できます（コサギの指は黄色く、ほかは黒い）。ところがダイサギとチュウサギについては、慣れないとなかなか見分けが難しいでしょう。個体差もあり絶対とは言い切れませんが、もっとも簡単でわかりやすいのはくちばしと目元の色です。ダイサギは夏は真っ黒のくちばしで目元が緑、冬にはどちらも黄色くなります。チュウサギのくちばしは夏には黄色に先端が黒、冬には黒いクチバシで目元が黄色くなります。

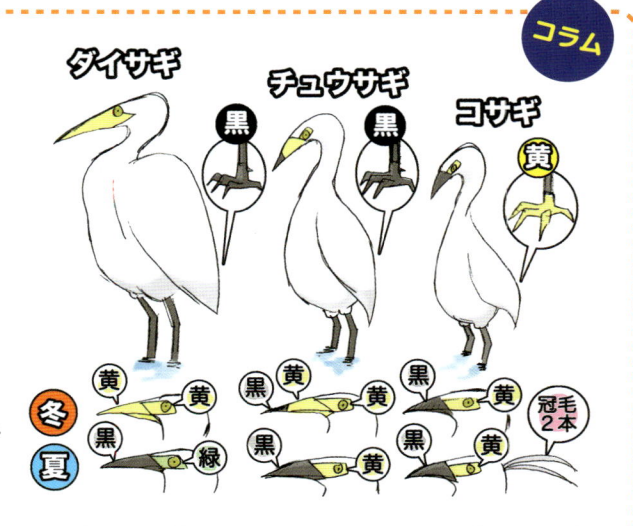

83

アオサギ

この十数年、都市部や郊外でも棲息数が増えている

都心部　郊外　里山　山間部

コウノトリ目サギ科アオサギ属
Ardea cinerea
【分布】全国（冬期は本州以南）
【体長】約88～98cm
【食性】動物食
【時期】通年（留鳥、北海道では夏鳥）
【生態・特徴】
コサギ・チュウサギ・ダイサギとは違い、魚類や両生類などのほか、ヘビやネズミ、ときには小型哺乳類や鳥のヒナなども捕食することがある。

カワウ

潜水が得意で、1分以上、しかも10mくらいまで潜ることも

都心部　郊外　里山　山間部

カツオドリ目ウ科ウ属
Phalacrocorax carbo
【分布】本州以南
【体長】約78～84cm
【食性】動物食
【時期】通年（留鳥、一部は漂鳥）
【生態・特徴】
一時は数千羽まで数を減らし、絶滅さえ危ぶまれたが、現在では増え過ぎて問題も出てきている。東京・上野の不忍池のコロニーは世界的にも有名。

ウミウ

長良川の鵜飼いで有名なのは、このウミウ

都心部 / 郊外 / 里山 / 山間部

カツオドリ目ウ科ウ属
Phalacrocorax capillatus
【分布】九州以南（冬期は全国）
【体長】約84〜92cm
【食性】動物食
【時期】通年（留鳥、一部は漂鳥）
【生態・特徴】
日本周辺の海の特産種。おもに海岸や海上で生活をする。カワウのように木にとまることはほとんどなく、海藻や枯れ草などを用いて営巣する。

カワウとウミウの違いと「鵜飼い」について

コラム

　カワウとウミウ。この2種類のウは、外見が非常に似ています。しかも海の近くなどでは同じ場所にいることも多いので同定が難しいことで知られていますが、以下の部分で判別すれば、きっと同定することができるでしょう。

　カワウの場合、クチバシの基部の黄色い部分の口角がとがっていませんが、ウミウはとがっています。また頬にある白色部が、カワウは目の後ろにまっすぐ延びているのに対し、ウミウは斜め上に延びています。

　このほかに、飛んでいる時のシルエットでも判別もできます。横から見た尾の長さが、身体全体の1/3程度ならカワウ、1/4程度ならウミウの可能性が高いと考えてよいでしょう。

カワウ：白色部が平たん／なだらかカーブ／尾が長い
ウミウ：白色部が斜め／とんがり／尾が短い

鳥類

オオハクチョウ

優雅な姿で人気も高い、日本の代表的な冬鳥

都心部　郊外　里山　山間部

カモ目カモ科ハクチョウ属
Cygnus cygnus
【分布】本州以北（おもに北陸・関東以北）
【体長】約140〜165cm
【食性】雑食（植物食傾向が強い）
【時期】冬（漂鳥）
【生態・特徴】
カモの仲間としては一番大きな、シベリアから渡ってくる日本の代表的な冬鳥。家族の絆が深く、日本での生活時には、群れをつくって越冬する。

コハクチョウ

もともとの和名は「ハクチョウ」1974年にコハクチョウへと変更

都心部　郊外　里山　山間部

カモ目カモ科ハクチョウ属
Cygnus columbianus
【分布】本州以北（おもに山陰地方以北）
【体長】約110〜150cm
【食性】雑食（植物食傾向が強い）
【時期】鳥（漂鳥）
【生態・特徴】
つがいは一生連れそうと考えられており、基本的には家族単位で毎年同じ越冬地に帰ってくる。オオハクチョウよりも、くちばし先端の黒い部分が広い。

いろいろな動物を飼育・観察してみよう！

自宅に野鳥を呼んでみよう！

　野鳥をはじめとする動物観察は、自然豊かな里山や山の中まで行かなくてもできます。自宅の近所のちょっとした公園や河川沿い、往来の激しい道路脇の街路樹なども観察ポイントになります。
　わたしのオススメは、自宅でできる、庭やベランダを訪れる野鳥たちの"窓越し観察"です。場所、庭やベランダの広さにもよりますが、今まで気がつかなかった種類の野鳥たちが訪れてくれるかもしれません。

■いろいろな種類のエサと水場を用意しよう

　野鳥を自宅に呼ぶには、やはり食べ物を置いてあげるのが効果的です。
　ひと口に野鳥といっても、種類によって好む食べ物が違いますから、できる範囲で数種類用意しておきましょう。

【エサとそれを好む野鳥の例】
- ヒマワリの種……シジュウカラなど
- 麻の実……スズメ、ハトなど
- ミカン、バナナ……メジロ、ヒヨドリなど

　いろいろな種類のエサを試してみて、どの鳥が何を好むのかを調べてみると、それぞれの特徴が見えてきておもしろいですよ。また、できれば水場を用意してあげましょう。
　多くの野鳥は水浴びをすることで身体の汚れや小さな虫などを洗い流しています。そのため、年間を通して水浴びのできる場所があると、野鳥たちは好んで訪れるようになります。
　わたしは、これら一式を"野鳥カフェ"と呼んでいます。

■設置する季節を考えよう

　基本的に"野鳥カフェ"の窓越し観察に適した季節は、秋から春先までの間です。春から初秋の間は野鳥たちにとっても食べ物が豊富にある時期なので、わざわざ危険をおかして人間の用意した"野鳥カフェ"を訪れなくても生活できます。

　また、年間を通して長期間餌づけされた野鳥は警戒心が弱くなり、ネコやカラスなどの外敵に襲われる可能性が高くなってしまいます。そうならないためにも、"野鳥カフェ"は秋冬限定オープンにすることをオススメします（水場は年間通して設置ＯＫ）。

■"野鳥カフェ"をオープンしよう

　エサを設置するにあたり、とくに「こうしなければならない」といった決まりはありません。それぞれ野鳥たちが訪れてくれるシーンを考えながら設置しましょう。
　注意点は、以下のとおりです。
（１）設置はなるべく高い場所に（地上１～1.5mくらいがよいでしょう）。
（２）種類の違うエサはなるべく離して設置しよう。
（３）エサ入れには、風雨で飛ばされたり水没したりしない工夫を。

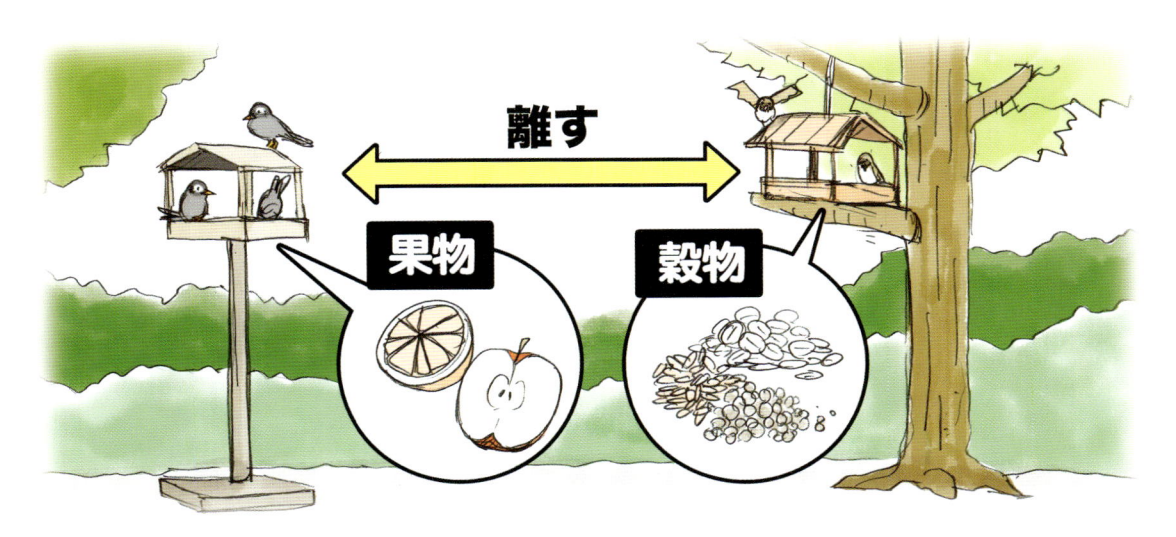

動物を飼ってみよう！
（1）ニホンアマガエル編

　わたしはさまざまな野生動物たちの調査をしているのですが、動物たちの野生下の姿を観察するのと同時に、その動物のより深い生態を知るには「飼育してみる」ことがとても大切だと感じています。野生下での調査・観察では見ることのできなかった行動や生態が、飼育下で見えてくることも少なくありません。

　ここでは、カエルの簡単な飼育方法を紹介します。カエルといってもさまざまな種類がいますが、もっともなじみ深くてつかまえやすい、「ニホンアマガエル」を選びました。

■飼育ケースを用意しよう

　飼育する個体数にもよりますが、2〜3匹であれば一辺30cm程度のケースで充分です。ただし、アマガエルは樹上性なので、なるべく高さのあるケース（30cmくらい）のほうがよいでしょう。

■飼育ケース内に床材を敷こう

　まず床材を入れます。アマガエルには適度な湿気が必要です。わたしは2種類の床材を入れるようにしています。

　1つは「水苔」。ホームセンターなどで売られている乾燥水苔に水分を含ませ、2cmくらいの厚さでしきつめます。その上に土（赤土でも黒土でも可）をまた2cmくらいの厚さにしきます。その時、ケース内の1/5ほどの範囲では、水苔が露出した状態を残します。

　こうすることで、ケース内は常にある程度の湿度が保たれた部分と乾いている部分とに分かれ、アマガエルが過ごしやすくなります。また水苔の露出部分が乾いてきたら、そこから水分を補充することができ、保湿の目安にもなります。

■飼育ケース内のレイアウトをしよう

　次に「水場」をつくります。アマガエルは水分の不足にとても弱いため、水場は常に必要です。

　水場にする容器は、ある程度の深さ（2～3cm）があって、両辺8～10cm近くもあれば充分でしょう。容器は陶器でもプラスティックでもかまいませんが、水もれをしないものを選びましょう。その容器を床材にうめこむように配置しましょう。

　樹上性のカエルなので、ケース内に適当な太さの木の枝を立てかけるように入れると、彼らの野生下での行動がかい間見られておもしろいかもしれません。

　可能なら、小さな観葉植物を入れるのもよいでしょう。もともと、木の葉の上で休んだりすることも多く、ストレス軽減にも役立ちます。

■エサを用意しよう

　アマガエルには基本的に生エサを与えます。春から夏にかけては、バッタやハエ、クモなどをつかまえて与えることができますが、とくに冬場はそのような昆虫を充分に確保することが難しいので、ペットショップなどで販売されている小型のコオロギを購入して与えるとよいでしょう。ミミズやミルワームなども食べますが、床材の下にもぐりこんでしまうことが多く、主食にするのは避けたほうが無難です。エサの量は、カエル1匹につき1日に昆虫1匹程度でよいでしょう。

　以上は、あくまでもわたし流のアマガエル飼育例です。「これが正解」ということではありません。みなさんが、それぞれ試行錯誤をしながら自分なりのベストの飼育方法を見つけることを願っています。

　またほかにも、冬眠のさせ方や繁殖のさせ方などもあります。これらも、図鑑やウェブサイトなどで調べながら、自分なりの飼育・観察方法を見つけ出してください。上手に飼えば、10年以上長生きさせることだって可能です。

　さあ、それではアマガエルの飼育・観察を始めてみましょう！

動物を飼ってみよう！
（2）クサガメ編

　クサガメはペットショップでもよく売られているカメの一種で、丈夫で飼い方も難しくありません。慣れてくると人間の手から直接エサを食べたり、人の後を追って歩いたりと、とてもかわいらしい一面も持ち合わせています。
　みなさんそれぞれのやり方で上手に飼育してみましょう。

■飼育水槽を用意しよう

　ペットショップなどで売られているクサガメ（ゼニガメ）は、たいていがその年生まれの個体で体長が数cmのものです。しかし「小さくてカワイイから」という理由だけで買うと、数年で20cm以上に成長してしまうので注意が必要です。

　もしクサガメを飼育するなら、最低でも60cm水槽、できれば90cm水槽以上のものを用意してください。水槽は高額なものが多いので、大きめの衣装ケースなどで代用することもできます。

■飼育水槽に水を入れて陸地をつくろう

　次に水槽に水を入れます。水深の目安は、「水中でクサガメが後ろ脚をついて立ち上がった際、鼻先が水面より上に出るくらい」ですが、わたしは、その半分くらいの水量で大丈夫だと考えています。ただしその場合、水質が悪化するまでの時間は短くなり、水替えのタイミングはより頻繁になります。
　水量が決定したら、クサガメが水から上がって休める陸地をつくります。レンガブロックや少し大きめの石などを置きましょう。その際、クサガメがちゃんと登れる高さに設定してあげることが大切です。
　底に砂利などをしいてあげるとよいのですが、掃除や水替えに手間がかかり、重くなることで場所移動しにくくなるので、入れなくても大丈夫です。

■カメにとって過ごしやすい環境をつくろう

まだ水槽づくりは完成ではありません。以下のものを入れてあげる必要があります。

（1）水質調整剤（カルキぬき）

水道水そのままでもすぐに体調を悪くすることはありませんが、なるべく自然に近くて過ごしやすい水を用意してあげましょう。

（2）フィルター（ろ過器）

熱帯魚飼育などにも使われるような、水をろ過するフィルターを設置することは重要です。さまざまな種類がありますが、わたしは"水中フィルター"と呼ばれるものを活用しています。

（3）水中用サーモスタットヒーター

冬眠をさせない場合は、基本的に水温は25度前後を保つようにしましょう。真冬でも室内飼いをしながら水温を25度前後に保てれば、冬眠せずに冬を越せます。逆に夏場は、あまり水温が上がり過ぎると病気の原因にもなります。空冷ファンを設置するか、定期的に氷を投入するなどして水温が30度を大きく上回らないように気をつけましょう。

（4）照射ライト（紫外線ライト）

クサガメは日光浴が大好きです。毎日数時間ずつ日光浴をさせてあげられればよいのですが、難しい場合は、太陽光をイメージしてつくられたライトを設置し、甲羅干しスペースをつくってあげましょう。

（5）エサ

エサは日に1～2回与えます。基本的に市販の"水棲カメのエサ"で大丈夫です。時どきは乾燥エビやイトミミズなども与えるとよいでしょう。一度に与える量は、飼育しているクサガメの頭の大きさと同じくらいが適量です。

さあ、これで準備完了です。

さっそくクサガメの飼育・観察を始めてみましょう！

索引

ア
- アオゲラ……56
- アオケラツツキ……57
- アオサギ……82　84
- アオジ……51
- アオダイショウ……20　21
- アカゲラ……56　57
- アカケラツツキ……57
- アカハラ……55
- アカハライモリ……10　14
- アシナシイモリ……14
- アズマヒキガエル……12
- アヒル……69
- アマガエル……90　91
- アマサギ……83
- アメリカザリガニ……28
- イモリ……14
- イワガニ……31
- ウグイス……40　41　49　58　59　60
- ウシガエル……13　28
- ウソ……52
- ウミウ……85
- ウミネコ……76　77　78
- エナガ……39
- オオサンショウウオ……14
- オオセグロカモメ……77
- オオタカ……72
- オオハクチョウ……86
- オオダイサギ……82
- オオバン……67
- オオヨシキリ……50
- オオルリ……44　60
- オカヤドカリ……32
- オナガ……64

カ
- カケス……64
- カジカガエル……8
- カシラダカ……43
- カッコウ……50　58
- ガビチョウ……60
- ガマガエル……12

- カミツキガメ……25
- カモ……86
- カモメ……76　77　78
- カラス……34　35　44　53　64　68　89
- カルガモ……61　69
- カワウ……61　84　85
- カワエビ……27
- カワセミ……45　61
- カワラヒワ……50
- キジバト……62
- キセキレイ……47
- キツツキ……42　57
- キンクロハジロ……66
- クイナ……67
- クサガメ……23　24　25　92　93
- クソトビ……72
- ケラツツキ……57
- ゴイサギ……75
- コウライキジ……81
- コガモ……66
- コガラ……37　42　61
- コゲラ……36　42　57　61
- コケラツツキ……56
- コサギ……82　83　84
- コジュケイ……59　60
- コハクチョウ……86

サ
- サギ……75
- ササゴイ……75
- サワガニ……29
- サンコウチョウ……59
- サンショウウオ……6　14
- シジュウカラ……36　37　88
- シマヘビ……21
- シメ……52
- 上海ガニ……30
- ジュウイチ……58
- シュレーゲルアオガエル……11
- 白鷺……83
- ジョウビタキ……51

94

	スジエビ……………………………27	
	スズメ………………… 34　35　36　51	
	53　88	
	スッポン……………………………23	
	セキレイ……………………………47	
	セグロカモメ………………………76	
	セグロセキレイ …………… 46　47	
	ゼニガメ………………… 23　92	
	ソウシチョウ ………………49　60	
タ	ダイサギ……………… 82　83　84	
	タカ…………………………………80	
	弾琴鳥………………………………52	
	チュウゴクモクズガニ……………30	
	チュウサギ…………… 82　83　84	
	チュウダイサギ……………………82	
	チュウヒ……………………………73	
	チョウゲンボウ …………… 61　65	
	ツグミ………………………………55	
	ツツドリ……………………………58	
	ツバメ ……………………… 44　61	
	トウキョウサンショウウオ………14	
	トウキョウダルマガエル………6　7	
	トカゲ………………………………17	
	トノサマガエル………………6　7	
	ドバト（カワラバト）……… 62　63	
	トビ…………………………………80	
ナ	ナキオカヤドカリ…………………32	
	ナゴヤダルマガエル…………6　7	
	ニホンアカガエル………… 9　90　92	
	ニホンアマガエル…………………90	
	ニホンイシガメ …………… 23　25	
	ニホンカナヘビ …………… 16　17	
	ニホンキジ…………………………81	
	ニホントカゲ ……………… 16　17	
	ニホンヒキガエル…………………12	
	ニホンマムシ ……………… 18　19	
	ニホンヤモリ………………………22	
	ヌマエビ …………………… 26　27	
	ノスリ ……………………… 72　73	
ハ	ハクセキレイ ……………… 46　47	

	ハシブトガラス ……………… 70　71	
	ハシボソガラス ……………… 70　71	
	ハト………………………… 34　88	
	ハヤブサ……………………………65	
	バン…………………………………67	
	ヒガラ………………………………37	
	ヒキガエル…………………………19	
	ヒバカリ……………………………20	
	ヒバリ………………………………39	
	ヒヨドリ …………… 54　61　88	
	ヒライソガニ………………………31	
	ホオジロ …………… 43　58　59	
	ホトトギス ………………… 58　59	
	ホンヤドカリ………………………32	
マ	マガモ ……………………… 66　69	
	マムシ………………………………21	
	ミサゴ………………………………73	
	ミシシッピアカミミガメ …… 24　25	
	ミドリガメ…………………………24	
	ミナミヌマエビ …………… 26　27	
	ムクドリ……………………………54	
	メジロ ……………… 40　41　88	
	モエビ………………………………27	
	モクズガニ…………………………30	
	モズ…………………………………48	
	モリアオガエル …………… 10　11	
ヤ	ヤドカリ……………………………32	
	ヤマアカガエル……………………9	
	ヤマカガシ…………………………18	
	ヤマガメ……………………………25	
	ヤマガラ …………………… 36　38	
	ヤマトヌマエビ …………… 26　27	
	ヤマバト……………………………62	
	ユリカモメ…………………………77	
ワ	ワニガメ……………………………25	

【プロフィール】
里中遊歩〈さとなか ゆうほ〉
1966年東京都出身。「日本野生生物リサーチセンター」代表。日夜、動物学者今泉忠明氏と共に、カメラ片手にそこここの野山里山に神出鬼没。
おもな著作は『田んぼの昆虫たんけん隊』(星の環会)『サトナカがゆく！〜風まかせ動物探索記〜』(全国農村教育協会)『もしも？　の図鑑　絶滅動物調査ファイル』(実業之日本社)など。
facebook：https://www.facebook.com/yuhosatonaka

【参考文献】
『ライフ大自然シリーズ　爬虫類』アルチー・カー・著／岡彌一郎・訳　(ライフ編集部)
『ライフネーチュアライブラリー「鳥類」』ロジャー・ピーターソン・解説／山階芳麿・訳(ライフ編集部)
『ライフネーチュアライブラリー「動物の行動」』ニコ・ティンバーゲン・解説／丘直通・訳 (ライフ編集部)
『日本の野鳥100 ①水辺の鳥』叶内拓哉・／本若博次・著(新潮社)『日本の野鳥100 ②野山の鳥』叶内拓哉／本若博次・著(新潮社)
『野鳥の図鑑』薮内正幸・著(福音館書店)『日本の野鳥』小宮輝之・著(学習研究社)
『アニマルトラック＆バードトラックハンドブック』今泉忠明・著(自由国民社)
『日本の生きものずかん9　ヤドカリ』奥野淳兒・監修(集英社)『野鳥の名前』安部直哉／叶内拓哉・著(山と渓谷社)
『野鳥の羽ハンドブック』高田勝／叶内拓哉・著(文一総合出版)
『日本の外来生物』多紀保彦／財団法人自然環境研究センター・監修(平凡社)
『猛毒動物最恐50』今泉忠明・著(ソフトバンク クリエイティブ)『日本の爬虫両生類』大谷勉・著(文一総合出版)
『色と大きさでわかる野鳥観察図鑑』杉坂学・監修(成美堂出版)
『東京 消える生き物増える生き物』川上洋一・著(メディアファクトリー)
『日本の野鳥』叶内拓哉／安部直哉／上田秀雄・著(山と渓谷社)『外来生物最悪50』今泉忠明・著(ソフトバンク クリエイティブ)
『サトナカがゆく！〜風まかせ動物探索記』里中遊歩・著(全国農村教育協会)

写真提供（アイウエオ順）●岩槻秀明／岡井義明／上石富一／川崎克美／木村　宏／クロスケ／坂田大輔／里中遊歩／杉村光俊／鈴木博志／髙木眞人／tanzan（PIXTA）／豊嶋立身／中川美智枝／野原弘行／林慶二郎／宮崎良久
協力●小澤三介／小野怜奈／小林尚暉／田中利勝／中川　隆／長谷川厚志／林本ひろみ
編集●内田正子　　イラスト●田代哲也　　DTP●渡辺美知子デザイン室

やさしい身近な自然観察図鑑　両生類・は虫類・鳥ほか

2014年4月14日　第1刷発行

著者●里中遊歩 ©
発行人●新沼光太郎
発行所●株式会社いかだ社
　〒102-0072　東京都千代田区飯田橋2-4-10　加島ビル
　Tel.03-3234-5365　Fax.03-3234-5308
　E-mail　info@ikadasha.jp　ホームページURL　http://www.ikadasha.jp/
　振替・00130-2-572993

印刷・製本　株式会社ミツワ
乱丁・落丁の場合はお取り換えいたします。
ISBN978-4-87051-423-2
本書の内容を権利者の承諾なく、営利目的で転載・複写・複製することを禁じます。